分析师评级和盈余预测信息含量研究
——基于公司与行业视角

肖 萌/著

Study on the Information Content of Analyst
Rating and Earnings Forecast :
Based on Firm and Industry Perspectives

中国财经出版传媒集团
经济科学出版社
Economic Science Press

图书在版编目（CIP）数据

分析师评级和盈余预测信息含量研究：基于公司与
行业视角/肖萌著 . -- 北京：经济科学出版社，
2022. 11
ISBN 978 - 7 - 5218 - 4249 - 4

Ⅰ. ①分…　Ⅱ. ①肖…　Ⅲ. ①金融 - 分析 - 经济师 -
信用评级 - 研究　Ⅳ. ①F83

中国版本图书馆 CIP 数据核字（2022）第 239202 号

责任编辑：杨　洋　杨金月
责任校对：靳玉环
责任印制：范　艳

分析师评级和盈余预测信息含量研究
——基于公司与行业视角
肖　萌　著
经济科学出版社出版、发行　新华书店经销
社址：北京市海淀区阜成路甲 28 号　邮编：100142
总编部电话：010 - 88191217　发行部电话：010 - 88191522
网址：www. esp. com. cn
电子邮箱：esp@ esp. com. cn
天猫网店：经济科学出版社旗舰店
网址：http://jjkxcbs. tmall. com
北京季蜂印刷有限公司印装
710 × 1000　16 开　10. 75 印张　170000 字
2022 年 11 月第 1 版　2022 年 11 月第 1 次印刷
ISBN 978 - 7 - 5218 - 4249 - 4　定价：42. 00 元
（图书出现印装问题，本社负责调换。电话：010 - 88191545）
（版权所有　侵权必究　打击盗版　举报热线：010 - 88191661
QQ：2242791300　营销中心电话：010 - 88191537
电子邮箱：dbts@ esp. com. cn）

前言
Preface

　　分析师评级的目的是向信息使用者提供与决策相关的信息。如果评级能够显著地引起在统计上的超常回报，就可以说评级拥有信息含量。如果公司评级和行业评级向市场传递了新的有用信息，那么这将为投资者带来投资价值。本书从股价变化的视角研究了公司评级和行业评级联合的信息有用性。

　　公司评级采取自下而上的研究路径，行业评级采取自上而下的研究路径。不同的研究路径意味着二者可能包含不同的信息，前者主要包含公司层面的信息，后者主要包含整个市场和行业层面的信息。将公司评级和行业评级联合有可能产生对投资者有价值的增量信息。采取市场基准的公司评级预期会包含市场和行业层面的信息，将公司评级和模拟行业评级（按行业合计的公司评级）联合也有可能产生更高的投资价值。承销关系、声誉、不同的市场环境可能会影响公司评级和行业评级联合的信息含量。

　　本书具体研究内容及结论如下。

　　（1）衡量评级水平时使用一致评级水平，衡量评级变化时使用一致评级变化和评级净变化。一致评级变化是一致评级水平（评级均值）的变化，构成前后一致评级水平的分析师可能不同，也许只代表不同分析师的意见分歧，未必代表有新的有用信息出现。评级净变化是多位分析师针对同一公司（行业）的评级变化的合计，评级净变化中所包含的每一个评级变化都是同一分析师的评级发生改变，同一分析师的观点发生变化极有可能代表有新的有用信息出现。在构建一致评级组合时采用了动态调整的分组标准，用前一年的一致评级分布的20%、80%分位数作为后一年"优""差"分组的标准，动态调整的分组标准能够在保持充分检验能力的基础上达到样本的高度分离。构建评级组合后，运用 CAPM 模型、Fama – French 三因素模型、Carhart 四因素模型计算各种评级组合经风险调整后的月超常回报。

（2）月公司评级具有信息含量。月公司评级"净调高"比月一致公司评级水平为"优"的信息含量更高。月行业评级的信息含量不显著，相比月公司评级或月行业评级，月公司评级和月行业评级的联合具有信息增量。月公司评级和月行业评级均"净调高"的联合相比月一致公司评级水平和月一致行业评级水平均为"优"的联合信息含量更高。月一致公司评级变化和月一致行业评级变化的联合信息含量不显著。正面评级和负面评级引起的市场反应不对称，这和我国分析师评级普遍存在强烈乐观偏差、分析师单方面重视正面评级有关。由公司评级模拟的月行业评级的信息含量不显著。相比月公司评级或模拟月行业评级，公司评级和模拟月行业评级的联合带来了更高的投资价值，但模拟月行业评级的信息有用性不如真实月行业评级。

（3）月公司评级和月行业评级联合显示出长久的信息效应，而非暂时性的价格压力效应。小规模公司对正面的月公司评级和月行业评级联合的市场反应更强烈。月公司评级和月行业评级联合剔除了个股动量和行业动量因素后，仍然有信息含量。

（4）承销关系对月公司评级和月行业评级联合的信息含量存在负面影响。承销商分析师评级的乐观程度更高，其月公司评级和月行业评级的联合信息含量不显著。非承销商分析师月公司评级和月行业评级的联合具有信息含量。非承销商分析师月一致公司评级水平和月一致行业评级水平均为"优"的联合比承销商分析师的相应组合具有显著更高的信息含量。声誉对月公司评级和月行业评级联合的信息含量存在一定影响。最佳分析师评级的乐观程度更高，其月一致公司评级水平和月一致行业评级水平均为"优"的联合信息含量不显著。非最佳分析师月公司评级和月行业评级的联合具有信息含量。虽然非最佳分析师月一致公司评级水平和月一致行业评级水平均为"优"的联合比最佳分析师的相应组合的信息含量看起来更高，但二者的差异在统计上不显著，可是也非常接近 10% 的显著性水平。虽然看似牛市下月公司评级和月行业评级的联合比熊市的相应组合具有更高的信息含量，但实际上月公司评级和月行业评级的联合在牛市、熊市的信息含量并无显著差异。

（5）乐观偏差有可能影响月公司评级和月行业评级联合的信息含量，监管当局有必要采取强制信息披露的政策，要求分析师在报告中披露各种评级的占比和评级采用的基准。监管当局还可以进一步放松卖空限制，使分析师有动力搜集负面信息，这样月公司评级和月行业评级联合的信息含量才有望进一步提升。

（6）在盈余公告日和盈余公告日之后的 +1～+10 日，分析师盈余预测修正均能引起同向的市场反应，只是市场反应的程度逐渐减弱。有的分析师的盈余预测修正吸纳了其他分析师的盈余预测修正中有价值的信息，因而更准确，可是市场并没有给出更强的反应。可见市场对预测的及时性给出比准确性更为积极的反馈。

目录
Contents

第 1 章

绪 论

1.1 问题的提出

泰尔（Theil，1967）对信息的定义是关于事件结果的预期发生改变。如果信息导致投资者对未来股票回报的估计发生改变，进而股票市场均衡价格发生改变，则可以说信息具有信息含量。另一个对信息的定义是不仅关于事件结果的预期要发生改变，而且改变要大到能引起决策者行为的变化。按照这个定义，只有在能引起单个投资者的最佳持股组合发生变化（股票交易量变化）时信息才有信息含量（Beaver，1968）。股价变化反映的是整个市场预期的变化，股票交易量变化反映的是单个投资者预期的变化。交易量变化反映出股价缺乏共识，新信息出现后投资者理解不一致，需要一段时间才能达成共识，在这段时间内就可以观察到交易量的变化。然而用股票交易量的变化衡量信息的信息含量未必恰当。股票交易量反映的是单个投资者的决策。投资者当中有很大一部分的非理性交易者，如果用股票交易量变化衡量信息的信息含量会有很大的噪声。即使信息拥有信息含量，当人们对未来预期一致时，股票交易量也未必变化（陆正飞等，2009）。本书用股价变化衡量证券分析师评级信息的信息含量。分析师评级的信息基于分析师对宏观经济信息、行业信息、公司信息的挖掘和分析，分析师评级的目的是向信息使用者提供与决策相关的信息。如果分析师评级与股票价格变化之间存在统计意义上的显著相关，则分析师评级具有信息含量，说明分析师评级向市场传递了新的有用信息。

广义的证券分析师可分为卖方分析师和买方分析师。卖方分析师的服务对象很广泛，既包括买方公司，也包括本公司的各部门。服务包括向机构投资者提供行业和公司的研究报告；为本公司的投资银行部门的证券承销业务提供服务；为本公司的经纪业务部门、资产管理部门和证券投资部门提供咨询服务和研究报告等。卖方分析师工作目的多元化，基金分仓收入、投资银行费、交易手续费等都可能诱使卖方分析师和投资者产生利益冲突。买方分析师的工作目的单一，即通过研究帮助投资组合经理做出正确的投资决策，所以他们与投资者一般不会产生利益冲突。买方分析师往往根据其预测的水平和投资评级获取薪酬，收入取决于研究报告对投资组合经理的投资决策所起的帮助作用，因此他们致力于挖掘股票的基本价值、发现价格被低估的股票和提高投资组合的回报率。卖方分析师和买方分析师研究主体和工作目的不同决定了二者研究报告的信息含量不同。鉴于卖方分析师的研究报告可以公开获得、能够在投资者中广为传播、对投资者的影响更大、便于从资本市场股票回报的视角证明卖方分析师评级信息的有用性，故本书以卖方分析师作为研究对象。

郑方镳（2009）指出券商研究所的研究员分为宏观研究员、策略研究员和行业研究员。宏观研究员分析宏观经济形势、政府政策、经济、金融和行业数据。策略研究员分析股市前景并给出资产在各行业配置比例的建议。行业研究员占大部分，他们分析特定行业的公司、发布盈余预测和评级。卡丹等（Kadan et al.，2012）指出卖方分析师中大多是公司分析师，还有一部分是策略分析师。公司分析师研究行业中特定的公司，给出盈余预测和公司评级。策略分析师分析宏观经济和行业状况，给出行业预测和行业评级。布拉德肖（Bradshaw，2012）把分析师分为公司分析师和行业分析师。郑方镳（2009）所指的行业研究员其实是卡丹等、布拉德肖所指的公司分析师。既然研究公司评级和行业评级的联合，本书沿用布拉德肖对分析师的分类。

公司分析师的研究路径是自下而上的，自下而上的研究路径首先注重个股分析，接着才研究公司所处的行业和宏观经济因素。自下而上的研究方法，更关注公司的营业利润、投资活动和资本结构等公司基本面信息。行业分析师的研究路径是自上而下的，自上而下的研究路径首先分析的是可能影响证券市场和资产价值的宏观经济因素，接下来分析行业层面的因素，最后分析公司。自上而下的研究方法，更关注宏观经济趋势、经济增长率、商业变化周期、财政、税收、产业政策、股市走向、行业板块轮动等市场和行业层面的信息。公司分析师和行业分析师研究主体、研究路径的不同决定了公司评级和行业评级的信息含量不同。将公司评级和行业评级这两种出自不同研究主体和基于不同研究路径的评级联合起来研究，有望产生增量的信息。

如果公司评级采用市场基准（和整个市场的公司相比较），意味着公司评级可能已经包含了市场和行业层面的信息，按理说不需要再补充行业评级的信息。我国绝大部分券商的研究报告在披露其公司评级时采用市场基准，然而实践中未必遵守这一基准。以往文献表明分析师跟进的股票和行业越多，则预测准确度越低。因为分析师的时间和精力有限，关注的股票和行业也有限。如果我国分析师的公司评级事实上是采取行业基准（和同行业的公司相比较），意味着公司评级只包含了行业内的公司层面的信息，这表明仅依靠公司评级不够，必须联合行业评级的信息，才能为投资者带来更高的投资价值。

理性的投资者只有在预期个体边际收益大于个体边际成本时，才愿意为券商的评级付费。格罗斯曼和斯蒂格利茨（Grossman & Stiglitz, 1980）发现股价并没有恰好反映所有可获取的信息，信息搜寻者并没有从成本高昂的活动中得到足够补偿。既然券商在信息搜寻和加工上花费了成本，自然希望从承销费、交易佣金中赚回来。为了替券商争取投资银行业务、提高券商承销的股票销售额，分析师有动机给出乐观评级。我国《新财富》杂志的"最佳分析师"评选是我国最权威的分析师排名。评选由基金经理打分，获奖往往能为分析师带来薪酬的极大提升。分析师有动机迎合基金经理采取利益冲突行为。如果分析师扮演"黑嘴"角色，将会损害投资者利益。在牛市、熊市下，交易活跃程度不同，投资者情绪有别，分析师搜寻公司特质信息和市场、行业层面信息的动力也不同。总之，利益关系、分析师的声誉、不同的市场环境都可能影响分析师评级的行为动机和行为模式，进而影响到公司评级和行业评级联合的信息含量。

1.2　研究意义

比弗（Beaver，2002）认为大多投资者缺乏时间、信息，以及解读财务报表的能力，分析师的专业能力可以促使会计信息反映到股票价格中。分析师被视为资本市场的重要参与者，是需要资金的企业和投资者之间的重要中介。普通投资者搜集和处理信息的个体边际成本往往大于个体预期边际收益。相比普通投资者，分析师更加老练、具备处理财务信息的能力、拥有更多关于公司的信息。如果分析师能够卓有成效地搜集、分析、处理和传播信息，有望使信息迅速反映到股票价格中、提高市场的定价效率、提高价格对资源配置的引导作用、缓解公司内部和外部投资者之间的信息不对称程度。分析师在加工信息与传播信息上所起的作用，使其在资本市场研究中具有重要价值。

盈余预测和评级是分析师研究报告的信息产出。尽管 20 世纪 30 年代就有研究分析师评级的论文（Cowles，1933），但学术界更关注分析师盈余预测。罗和米安（Loh & Mian，2006）指出盈余预测是分析师进行投资评级的信息依据。分析师在盈余预测的基础上根据不同证券估值方法计算股票的内在价值，判断当前股价有无高估或低估从而作出评级。布朗等（Brown et al.，1987）指出当实际盈余低于盈余预测，出现负的未预期盈余时，对股票价格有负面影响，管理层因此有进行盈余管理的动机。松本（Matsumoto，2002）检验了管理层是否通过引导分析师降低盈余预测来避免负的未预期盈余。可见盈余预测数字背后，牵动着利益相关者的复杂心思，颇费投资者解读，这或许是学术界更喜欢研究盈余预测的原因之一。评级的优点在于分析师直截了当地为投资者给出了投资建议——买、卖或者持有。为了维护券商、持股基金、公司管理层的利益，分析师评级往往存在乐观偏差，分析师会尽量避免发布负面评级，因此对于"买入"和"持有"评级投资者有必要持保留意见。弗朗西斯和索弗（Francis & Soffer，1997）就发现投资者把"持有"评级视同"卖出"评级。评级明确表明了分析师对股票的意见，分析师评级研究比起分析师盈余预测研究的重要性是不遑多让的。

如果公司评级与股票的价格之间有统计意义上的显著相关，说明分析师向市场传递了有用的信息，即分析师的公司评级具有信息含量。如果根据行业评级构建行业投资组合能带来未来显著的行业超常回报，说明分析师的行业评级具有信息含量。如果评级有信息含量，将为投资者带来投资价值，也说明分析师是值得信赖的信息中介，分析师作为资本市场重要参与者的角色势必为投资者等信息使用者的投资决策所倚重，这有助于信息迅速反映到股票价格中，对于提高股市的定价效率、缓解股市的信息不对称意义重大。

新兴市场分析师评级的行为动机、行为模式和评级的市场影响可能会与成熟市场有所区别。我国作为最大的新兴市场国家，资本市场和分析师行业起步较晚，市场环境与国外成熟市场相比有较大差异，市场主体有较多的不规范行为。基于我国资本市场的分析师评级研究，对于认清分析师行业在我国资本市场上扮演的角色意义重大。基于新兴市场的分析师评级研究也将完善现有分析师理论。

公司评级、行业评级的研究主体和研究路径不同意味着二者各自可能包含不同的信息，前者主要包含公司层面的信息，后者主要包含整个市场和行业层面的信息。将公司评级和行业评级联合有望产生对投资者有价值的增量信息。既然利益关系、分析师的声誉、不同的市场环境可能会影响公司评级和行业评级联合的信息含量，那么研究在这些因素影响下公司评级和行业评级联合的信息含量也富有意义。

本书对有效市场研究亦有意义。分析师评级中的信息包含可公开获取的信息，基于分析师评级构建的投资组合能否持续跑赢市场，将为我国股市是否达到半强式有效提供经验证据。

1.3 研究内容

本书的研究思路如下：第一，研究了公司评级的信息含量，国内外有较多文献研究这一主题，本书提供了在一个更新的时间区间上的实证证据。第二，研究了行业评级的信息含量，国外虽然有人研究了由公司评级模拟的行业评级（由公司评级按不同行业合计而成）的信息含量（Boni & Womack，2006；Howe et al.，2009），但只有卡丹等（Kadan et al.，2012）以真实的行业评级数据研究过这一主题。本书是我国最先采用真实行业评级数据来研究行业评级信息含量的。第三，研究了公司评级和行业评级二者联合是否产生增量的信息，国外只有卡丹等（Kadan et al.，2012）研究过这一主题，但他们只研究了月公司评级净变化和月一致行业评级变化的联合。本书在投资组合的构建上采取了更加多样化的形式，采用动态调整的分组标准研究了月一致公司评级水平和月一致行业评级水平联合、月一致公司评级变化和月一致行业评级变化联合的信息含量，还研究了月公司评级净变化和月行业评级净变化联合的信息含量。第四，研究了由公司评级模拟的行业评级的信息含量、公司评级和模拟行业评级联合的信息含量。第五，本书研究在不同影响因素组别下（承销商和非承销商、最佳分析师和非最佳分析师、牛市和熊市）公司评级和行业评级联合的信息含量是否会有区别。

具体研究内容如下所示。

第1章：绪论。提出问题，介绍本书的研究意义与研究内容，指明本书的研究框架与研究方法，提炼出本书的创新点。

第2章：评级的信息含量文献回顾及述评。对公司评级的信息含量、行业评级的信息含量、分析师评级的信息含量的影响因素方面文献进行了综述，然后给出文献述评。

第3章：评级的信息含量理论分析与研究设计。首先，分别从公司评级的信息含量、行业评级的信息含量、公司评级和行业评级联合的信息含量、由公司评级模拟的行业评级的信息含量及其与公司评级联合的信息含量几个方面进行了理论分析并提出研究假设。其次，介绍了样本选择与数据来源。最后，给出了评级组合的分组方法。本书采用一致评级水平作为衡量评级水平的指标，采取一致评级变化和评级净变化作为衡量评级变化的指标。一致评级水平是对一段时间内的分析师评级取均值。一致评级变化是指多位分析师针对同一公司（行业）的评级均值的变化，构成一致评级变化的前后两次的分析师可能不同。评级净变化是指多位分析师针对同一公司（行业）的评级变化的合计，评级净变化中所包含的每一个评级变化都是同一分析师对同一公司（行业）的评级发生变化。对一致评级水平和一致评级变化采用了动态调整的分组标准，用前一年的一致评级分布的前后 20% 分位数作为后一年"优""差"分组的标准，动态调整的分组标准能够在保持充分检验能力的基础上达到样本的高度分离。本书构建了以下评级组合：公司评级组合（包括月一致公司评级水平组合、月一致公司评级变化组合、月公司评级净变化组合）；行业评级组合（包括月一致行业评级水平组合、月一致行业评级变化组合、月行业评级净变化组合）；公司评级和行业评级联合组合（包括月一致公司评级水平和月一致行业评级水平联合组合、月一致公司评级变化和月一致行业评级变化联合组合、月公司评级净变化和月行业评级净变化联合组合）；由公司评级模拟的行业评级组合（包括模拟月一致行业评级水平组合、模拟月一致行业评级变化组合、模拟月行业评级净变化组合）；公司评级和模拟行业评级联合组合（包括月一致公司评级水平和模拟月一致行业评级水平联合组合、月一致公司评级变化和模拟月一致行业评级变化联合组合、月公司评级净变化和模拟月行业评级净变化联合组合）。最后运用 CAPM 模型、Fama - French 三因素模型、Carhart 四因素模型计算以上各种评级组合经风险调整后的月超常回报，如果回归后的截距项显著为正（负），则表明存在显著为正（负）的市场反应。

第 4 章：评级的信息含量的实证结果及分析。首先，对实证研究中涉及的变量进行了描述性统计分析。其次，由公司评级组合的回归结果判断公司评级能否带来未来个股的超常回报，由行业评级组合的回归结果判断行业评级能否带来未来行业的超常回报，由公司评级和行业评级联合组合的回归结果判断公司评级和行业评级联合能否产生信息增量，由公司评级模拟的行业评级组合的回归结果判断公司评级能否带来未来行业的超常回报，由公司评级与模拟行业评级联合组合的回归结果判断公司评级和模拟行业评级联合能否带来更高的投资价值以及模拟行业评级和真实行业评级的信息有无区别。为了研究分析师公司评级和行业评级的联合对不同规模公司的影响，给出了基于小、中、大市值规模分组下的月一致公司评级水平和月一致行业评级水平联合组合的回归结果。为了研究组合的超常回报是否依赖动量因素，给出了基于高、低个股（行业）动量分组的个股（行业）动量组合的回归结果和排除了个股（行业）动量后的月一致公司评级水平和月一致行业评级水平联合组合的回归结果。最后，在稳健性检验中给出按照不同分位数划分的优、差公司（行业）评级，放松了公司评级和行业评级构成条件，按照二级行业分类标准划分行业后的回归结果。

第5章：几种因素影响下评级的信息含量。首先，分析了承销关系影响下分析师评级的信息含量，此处由分析师所属的券商是否在被评级公司首发、增发、配股中担任主承销商来区分承销商分析师组和非承销商分析师组。对两组进行了描述性统计。给出两组的月一致公司评级水平和月一致行业评级水平联合组合的回归结果，检验了两组信息含量的差异。其次，分析了声誉影响下分析师评级的信息含量。以上一年是否入选《新财富》各行业"最佳分析师"评选前五名作为界定标准区分最佳分析师组和非最佳分析师组。通过对两组进行描述性统计，给出了两组的月一致公司评级水平和月一致行业评级水平联合组合的回归结果，检验了两组的信息含量的差异。最后，分析了不同市场环境下的分析师评级的信息含量，按沪深综合月市场月回报率的正负划分牛市组和熊市组。对两组进行描述性统计，给出两组的月一致公司评级水平和月一致行业评级水平联合组合的回归结果，检验了两组信息含量的差异。以上在考虑承销关系和声誉对分析师月一致公司评级水平和月一致行业评级水平联合的信息含量的影响时，分别依据不同身份的分析师（承销商分析师或非承销商分析师、最佳分析师或非最佳分析师）前一年一致评级分布的20%、80%分位数作为后一年"优""差"分组的标准。稳健性检验中采用前一年所有分析师一致评级分布的20%、80%分位数作为后一年"优""差"分组的标准分组、按照不同分位数为"优""差"分组、按照二级行业分类标准划分行业，给出回归结果。

第6章：盈余预测修正的信息含量研究。首先，研究盈余公告日和盈余公告日后10天内分析师盈余预测修正对围绕公告日的个股两日超额回报率的反应，用投资者情绪来作为回报率中是否蕴含关于未来盈余信息的代理变量。其次，研究在盈余公告日和盈余公告日后10天内对回报率中蕴含的未来盈余信息更敏感的分析师，其预测修正的准确度是否优于其他分析师。再下来研究在盈余公告日之后的 +1 ～ +10 日，对其他分析师的盈余预测修正中蕴含的未来盈余信息更敏感的分析师，其预测修正的准确度是否优于其他分析师。接着研究盈余公告日和盈余公告日后 10 天内分析师盈余预测修正的信息含量。最后，研究了盈余公告日和盈余公告日后 10 天内对回报率中的信息更敏感的分析师和对其他分析师的修正更敏感的分析师，能否引起更强的市场反应。

第 7 章：结语。给出了本书的主要结论、政策建议并对后续研究方向进行了展望。

第 2 章

评级的信息含量文献回顾及述评

2.1 分析师公司评级的信息含量

戴维斯和卡内斯（Davies & Canes，1978）发现《华尔街日报》的"HOTS 栏目"1970～1971 年的分析师"买入"（"卖出"）评级在评级后一两天能带来显著为正（负）的超常回报。

埃尔顿等（Elton et al.，1986）研究了 1981～1983 年的 33 家券商，发现买入评级水平为"买入"，同时卖出评级水平为"减持"和"卖出"的股票，当月和下一个月有显著为正的回报，但不如评级变化带来的回报高。分析师"调高到买入或增持"评级相对于"调低到减持或卖出"评级，在评级变化的当月和此后两个月的回报率差异都显著为正；"调高到买入"评级相对于"持有"评级、"调高到增持"评级相对于"持有"评级，在评级变化的当月和下一个月回报率差异都显著为正。分析师"调低到减持"评级相对于"持有"评级在评级变化的当月和下一个月回报率差异都显著为负。

刘等（Liu et al.，1990）也研究了《华尔街日报》1982～1985 年的"HOTS 栏目"，发现"买入"（"卖出"）评级当天超常回报达到最高（最低），"买入"评级后一天仍然产生显著为正的超常回报，"卖出"评级后两天产生的超常回报为负但不显著。

斯蒂克尔（Stickel，1995）研究了 1988～1991 年的评级，发现与"买入"评级相关的平均超常回报从评级之前 10 天到评级之后 30 天都显著为正，在评级之后 30 天到评级之后 70 天为正但是不显著；与"卖出"评级相关的超常回报在评级之前 10 天到评级之后 10 天显著为负，在评级之后 10 天到评级之后 80 天为负但是不显著。"调高到强烈买入"比"调高到买入"有更强的正向影响，"调低到强烈卖出"比"调低到持有"具有更强的负向影响，说明分析师能够用不同水平的评级区分错误定价的股票。他发现大的评级变化（例如，从"持有"到"强烈买入"）比小的评级变化（例如，从"买入"到"强烈买入"）有更强的市场反应，并且发现评级水平的不同带来长久性的信息影响，而评级变化的不同带来暂时性的信息影响。

沃马克（Womack，1996）研究了 1989～1991 年 14 家全美最大券商的评级，发现"新增到买入"的评级变化在围绕评级日的 3 日、评级后 1 个月的超常回报显著为正；"新增到卖出"的评级变化在围绕评级日的 3 日、评级后 6 个月的超常回报显著为负；市场对"新增到卖出"评级变化的反应比"新增到买入"评级变化的反应明显更大，因为向下评级变化显得更可信。"从买入中移除"与"新增到卖出"的市场反应相似，"从卖出中移除"比"新增到卖出"的负向市场反应稍弱。

米哈伊尔等（Mikhail et al.，1997）研究了 1980～1995 年 Zacks 数据库的数据，发现围绕分析师评级变化日的（-3，+1）的 4 日规模调整累积超常回报显示，市场对"调高到强烈买入"（"调低到强烈卖出"）评级变化的反应显著为正（负）。市场在"调高到强烈买入"后 1 个月、3 个月、6 个月都有显著为正的规模调整的超常回报，市场在"调低到强烈卖出"后 1 个月有显著为负的规模调整的超常回报。他们发现"调高到强烈买入"比"调低到强烈卖出"有更持久的超常回报，这点和沃马克不同。

弗朗西斯和索弗（Francis & Soffer，1997）研究了 1988～1991 年的 Investext 数据库，以围绕分析师报告公布日的 3 日累积超常回报率衡量市场反应。发现市场对"买入"评级的反应显著为正，对"持有""卖出"评级的反应显著为负，说明投资者把"持有"评级视同"卖出"评级。市场对"调高"（"调低"）评级的反应显著为正（负）。市场对"调高到买入""维持买入"的反应显著为正，对"调低到持有""调低到卖出"的反应显著为负，还发现评级变化比评级水平更重要。

弗朗西斯和索弗（Francis & Soffer，1997）进一步研究发现，市场对伴随着"买入"评级的盈余预测修正有更强烈的反应。因为分析师有乐观倾向，市场觉得乐观评级信息不够，还要转向盈余预测修正去获取更多信息。赫斯特等（Hirst et al.，1995）却发现评级为"卖出"或"调低"时，投资者会借助分析师研究报告中的其他信息来帮助决策。布拉夫和勒哈维（Brav & Lehavy，2003）发现投资评级、盈余预测、目标价格预测这三个变量都有助于显著地解释围绕研究报告发布日的回报率波动。分析师给出"买入"和"强烈买入"评级的同时更可能伴以目标价格预测，以激励股票购买。当目标价格调整的方向与评级变化的方向相同（相反）时，评级变化引起的市场反应更大（更小）。罗和米安（Loh & Mian，2006）按盈余预测准确度的不同研究投资评级的市场反应，发现根据盈余预测准确度排前（后）20%的分析师的评级带来显著为正（负）的市场反应。盈余预测越准确的分析师给出的投资评级越具备盈利能力，投资者通过识别出更准确的预测者而获益，分析师也会因为其评级带来的盈利赢取更多的报酬。

巴伯等（Barber et al.，2001）的研究显示，做多（卖空）日一致评级水平最高（最低）股票组合带来年均4.13%（-4.91%）的毛超常回报率。买入日一致评级最高组合同时卖空日一致评级最低组合形成的套利投资组合产生月均0.75%的毛超常回报率。如果降低组合调整频率，虽然交易成本较少，但组合不再产生净的超常回报。这意味着尽管存在市场无效，投资者仍难以通过构建积极的投资组合加以利用，所以市场无效会继续存在。

米哈伊尔等（Mikhail et al.，2004）发现过去评级表现优异的分析师现在表现更好。对于过去表现优异的分析师，围绕评级变化的市场反应和评级后漂移都更高。当按照过去表现优异的分析师的"调高"评级（"调低"评级）买入（做空）股票会产生正的超额回报，但并不足以弥补买卖双方的交易成本。

杰加迪西等（Jegadeesh et al.，2004）比较了一致评级水平和一致评级变化的预测能力。他们所指的一致评级水平是每个季度末之前的4个季度对特定公司发布的公司评级的均值。他们所指的一致评级变化是从 t-1

季度末的一致评级水平到 t 季度末的一致评级水平的变化，当前的一致评级水平和此前的一致评级水平有三个季度的重叠。其他预测指标得分高、评级"差"的公司，表现好于其他指标得分低、评级"优"的公司，说明两类信号冲突时，其他指标比评级水平更可靠。其他指标得分高、评级"优"的公司，表现好于其他指标得分低、评级"差"的公司，说明两类信号联合时，比单独考虑某类信号产生了更高回报。一致评级变化相比一致评级水平信息含量更高。

博尼和沃马克（Boni & Womack，2006）证明了公司评级的价值主要来自在行业内为公司排名。他们研究表明，在每个行业内做多"最优"月一致评级水平股的同时做空"最低"月一致评级水平股形成的套利组合带来 -0.256% 的不显著的月均回报；在每个行业内做多"净调高"评级股的同时做空"净调低"评级股形成的套利组合，带来 1.235% 的显著为正的月均回报，这说明评级变化比评级水平更有信息含量。如果不考虑行业分类，仅是做多"净调高"评级股的同时做空"净调低"评级股形成的套利组合，带来更低的 0.948% 月均回报。以上说明分析师具备在行业内为股票分等级的能力，分析师的公司评级里包含着行业内的专门信息。

巴伯等（Barber et al.，2006）发现要求强制信息披露的美国证券交易商协会（National Association of Securities Dealers，NASD）的 2711 规章[①]实施之前，最低"买入"评级占比券商的"调高到买入"（"调低到卖出或持有"）评级比最高"买入"评级占比券商有更大（更小）的正向（负向）的市场反应。这说明对于券商的乐观评级，市场有一套自适应机制，对于乐观倾向较弱（肯说真话）的券商的正向评级变化和乐观倾向较强（不肯说真话）的券商的负向评级变化（好不容易说一次真话）给予更积极的反馈。NASD 的 2711 规章实施后，"买入"（"卖出"）评级的比重减少（增加），即使券商"买入"评级比重不一样，评级变化的市场反应也没有明显的区别，表明强制信息披露的要求对于抑制券商的乐观倾向是有作用的。信息披露政策出台后，信息不对称的程度下降了，市场的定价效率提高了。豪等（Howe et al.，2009）也发现自从 2002 年 9 月 NASD 的

---

① NASD 的 2711 规章对分析师的利益冲突问题进行了规制，保证了投研报告的独立性。

2711 规章实施后，一致评级突然出现了明显的负向变化。

巴伯等（Barber et al.，2010）发现分析师的评级水平和评级变化都能产生超常回报。以评级水平为条件，向上（向下）的评级变化能得到更高（更低）的回报。以评级变化为条件，评级水平越高，回报越高。仅采取评级水平策略，做多"强烈买入"/"买入"评级水平的股票的同时做空"强烈卖出"/"卖出"评级水平的股票的套利组合可以得到 0.035% 的日均超常回报。仅采取评级变化策略，做多评级水平调高两级的股票的同时做空评级水平调低两级的股票的套利组合可以得到 0.038% 的日均超常回报。将评级水平和评级变化两种策略联合，做多评级水平调高两级到"强烈买入"/"买入"评级水平的股票，同时做空评级水平调低两级到"强烈卖出"/"卖出"评级水平的股票，得到日均 0.052% 的超常回报。

蒋和金姆（Jiang & Kim，2010）发现伴随股价跳跃（未预期的股价不连续的较大变化）的评级变化能引起更强烈的市场反应，剔除掉伴随着股价跳跃的那些评级变化后，市场反应大幅度减小。在股价跳跃之后，评级变化也能引起一定的市场反应。总之，他们发现评级具有信息含量，但信息含量或许不像其他文献中说得那么高。

法亚斯和马什卡雷尼亚什（Faias & Mascarenhas，2015）发现在 1999~2013 年做多向上评级变化的股票的同时做空向下评级变化的股票，产生经 Carhart 四因素模型风险调整后的 27% 的年度化超常回报。而同期证券价格研究中心（Center for Research of Security Prices，CRSP）[①] 等权重指数的超常回报才 4%。

阿尔丁基利奇等（Altinkilic et al.，2016）指出分析师评级变化后回报率漂移（向上评级变化伴以正的回报，向下评级变化伴以负的回报）在 2003~2010 年消失了。这和算法改进后高频交易降低了交易成本有关。在低交易成本的环境里，分析师报告很难向投资者提供新的、有用的信息，这使得分析师在超级计算机时代作为信息中介的地位下降了。

关于公司评级的研究大多集中在公司层面，也有文献研究了公司评级

---

① CRSP 是证券领域极具权威的数据库。该库广泛收录了美国上市公司的股票价格和交易数据，CRSP 指数包含了北美几乎所有股票投资标的和基金等。

在行业层面的信息含量（Liu et al. , 1990；Boni & Womack, 2006；Howe et al. , 2009；Liu, 2011；Kadan et al. , 2012）。如果能够通过发现公司评级中所包含的行业层面的信息，为行业排名，有望选取能够跑赢市场的行业，取得行业超常回报。

刘等（Liu et al. , 1990）发现《华尔街日报》的"HOTS 栏目"中每栏只包含一只股票时，评级中通常蕴含着公司的特性信息。每栏介绍多只股票时，评级中通常蕴含着行业层面的信息。由于公司之间的不同，在相同行业里行业信息对公司的冲击大小不一，能够单独列为一栏的公司受信息的影响一般大于平均水平，实证结果也发现每个栏目只给出一家公司评级比每个栏目给出多家公司评级对股价的影响更大。

博尼和沃马克（Boni & Womack, 2006）研究了公司评级在行业层面的信息。他们研究的样本期是 1996～2002 年，样本期内没有行业评级数据。他们通过调查按行业合计的评级变化信息和行业回报率之间的联系来研究分析师跨行业挑选未来赢家行业的能力。他们发现 t-1 月行业评级变化和 t 月行业回报率大都不相关，而 t-1 月行业回报率和 t 月行业评级变化大都呈显著正相关。这说明行业评级变化不会影响未来行业回报率，而行业回报率会影响未来行业评级。同时，他们还发现按行业合计的分析师公司评级信息在预测未来行业回报率上并不起作用，说明分析师只是擅于在行业内为公司排名，但并不擅于为行业排名。

豪等（Howe et al. , 2009）与博尼和沃马克（Boni & Womack, 2006）一样，也采用了按行业合计的公司评级来研究公司评级在行业层面的信息。他们按过去 12 个月行业内的公司评级均值生成行业评级水平，行业评级的变化是 t-1 月的行业评级水平到 t 月的行业评级水平的变化。他们发现季度平均行业评级变化能带来未来季度行业显著为正的反应，说明公司评级里包含行业层面的信息。

刘（Liu, 2011）认为弄清楚分析师的动机到底在于生产行业层面的信息还是在于生产公司层面的信息能够让投资者更有效地使用信息进而改善投资业绩。他研究的是公司评级，发现围绕评级调整日的 3 日累计回报率中公司层面的信息成分大于行业层面的信息成分；评级后 1 个月和 3 个月的股价漂移主要是由公司层面的信息而非行业层面的信息推动的。

卡丹等（Kadan et al., 2012）也研究了由公司评级合计而成的月一致行业评级变化是否能带来未来行业的超常回报。他们认为公司评级既可能包含行业内的公司的排名信息，也可能包含公司相对于整个市场的表现信息。为此需要了解券商研究报告中所披露的公司评级的基准。卡丹等将样本期内公司评级数排名前 20 位的券商分为两组，一组的公司评级基于行业基准（即与行业内其他公司相比较），一组的公司评级基于市场基准（即与市场上所有公司相比较），结果每组恰好有 10 位券商。研究发现基于行业基准的由公司评级合计而成的行业评级调高到优组合在组合形成的下一个月经风险调整后月超常回报为正但不显著，调低到差组合不为负且不显著，套利组合为负且不显著，说明基于行业基准组的分析师的公司评级中不含有关于市场和行业层面的信息。发现基于市场基准的由公司评级合计而成的行业评级"调高到优"（"调低到差"）组合能带来显著的正向（负向）的风险调整后的超常回报，说明基于市场基准组的分析师的公司评级中含有市场和行业层面信息，能够预测行业未来的超常回报。

伯克曼和杨（Berkman & Yang, 2016）研究了按国家合计的公司评级的信息含量，发现按国家合计的公司评级能够预测国际股票市场回报。基于按国家合计的评级的交易策略能产生月均约 0.9% 的超常回报。结果表明，按国家合计的分析师评级在引导国际资产配置时能提供有用信息。

国内最早的荐股是媒体荐股，他们通常发现由于信息的提前扩散，导致媒体栏目推荐前，该股票就有显著为正的超常回报，推荐后极短时间内仍有投资价值，之后超常回报多为负（林翔，2000；朱宝宪和王怡凯，2001；丁亮和孙慧，2001；唐俊和宋逢明，2002）。在我国证券分析师行业尚未起步时，媒体推荐发挥了类似分析师评级的作用。

肖峻和王宇熹（2006）研究了我国 12 家主要券商 2000～2004 年的投资评级，发现增加至买入评级的股票的累积超常回报在推荐后增加，增加到卖出评级的股票的累积超常回报在推荐后下降。

王征等（2006）研究了 6 家券商研究机构每月向机构投资者所提供的投资评级，发现分析师增持评级组合可以获得显著为正的超常回报，经过 CAPM 模型、Fama - French 三因素模型、四因素模型风险调整后仍然显著，分析师减持评级组合的超额回报为负但不显著。

刘昶和修世宇（2008）研究了 Wind 数据库 2004～2006 年的公司评级，发现买入组在围绕评级日的［-15，+20］事件窗的显著为正的平均累积超常回报，卖出组在围绕评级日的［-9，+20］事件窗的为负的平均累积超常回报，其中［+15，+20］显著为负，而中性组没有带来显著的平均累积超常回报。

郑方镳（2009）发现在获得正面（负面）公司评级的股票在围绕评级公布日的［-1，+1］窗口的累积超常回报为 1.411%（-0.787%），在统计上显著，说明分析师的公司评级具有信息含量。正面评级后的股价上涨持续 1 周，平均超额回报为 0.994%，负面评级后的股价下跌持续 3 周，平均超额回报为 -3.398%。对于正面评级，分析师评级的强度和评级的信息含量显著正相关，评级变化幅度与评级的信息含量之间的关系不显著；对于负面评级，跳级调低评级的分析师比没跳级调低评级的分析师的股票评级，在［-1，+1］窗口的超额回报平均低 2.631%，且在统计上显著。

王宇熹、肖峻和陈伟忠（2012）的研究与上述研究不同，他们研究的是股票的平均评级，发现分析师最有利一致公司评级组合，经市场、CAPM 模型、三因素模型、四因素模型调整后仍能获取显著为正的超常回报；分析师最不利一致公司评级组合，经调整后超常回报通常为负但是不显著；买入最有利组合卖出最不利组合，经风险调整后往往能获取更大的正的超常回报。

汪弘等（2013）发现总体而言超常回报率随着分析师一致公司评级的调高而增大。"买入""增持"评级带来围绕评级日的 3 日和 41 日的显著为正的超常回报，"减持""卖出"评级带来负的超常回报，但只在短期内显著。他们认为消极评级的市场反应不如积极评级可能跟我国做空机制的限制有关，分析师因而缺乏动力去搜集负面信息。笔者认为分析师尽量避免做负面评级是为了维持和被评级公司的关系。

李春涛等（2014）研究了 CSMAR 数据库 2005～2011 年的公司评级，发现"调高评级"（"调低评级"）可以带来评级后 20 天（40 天）内的显著为正（负）的平均累积超常回报。李强（2016）发现温和的评级变化比极端的评级变化在短期内有更大的市场反应。蒋彧和季慧萍（2018）发现分析师评级变化在市场向下或平稳期产生的市场反应更大。季慧萍（2018）发现短期内分析师评级变化能够产生显著为正的超常回报，长期内分析师评级变化的市场反应会产生反转。谢玲玲（2020）指出在盈余预测变化的基础上进行股票评级变化，借此构建套利组合，能够获得显著为正的超常回报。赵留彦和宁可（2020）发现我国分析师评级变化总体上能带来市场反应。王玉涛等（2021）指出中国股市的分析师更加倾向于向上评级变化，向上的评级变化也往往伴以正的市场回报。龚文婷（2022）发现分析师评级变化能够产生显著为正的超常回报，说明分析师评级变动具备信息含量。

2.2　分析师行业评级的信息含量

彼得罗夫斯基和罗尔斯基（Piotroski & Roulstone，2004）发现分析师在搜集公司层面的信息方面与公司管理层和机构投资者相比并不占优势，分析师的比较优势在于能更好地解释和传播行业层面的信息和市场层面的信息。分析师的预测活动有助于使行业层面和市场层面的信息反映于股价中。

刘（Liu，2011）认为弄清楚分析师的动机到底在于生产行业层面的信息还是在于生产公司层面的信息能够让投资者更有效地使用信息进而改善投资业绩。

卡丹等（Kadan et al.，2012）研究的样本期是 2002~2009 年，他们最早基于真正的行业评级来研究宏观、策略分析师的行业评级。他们发现样本期内有 33 家券商至少发布过一次行业评级，有 7 家券商发布的行业评级占总行业评级的 96%。行业评级通常由行业分析师给出，公司评级通常由公司分析师给出，这二者的信息也常常互为补充。同时，他们也发现月一致行业评级调高到优组合能够带来下个月显著为正的超常回报，而月一致行业评级调低到差组合能够带来下个月显著为负的超常回报。

莫斯科维茨和格林布莱特（Moskowitz & Grinblatt，1999）发现买入过去的赢家行业卖出过去的输家行业的行业动量投资策略即使在控制了规模、账面市值比、个股动量等因素后仍有利可图，说明也许分析师只是在追随行业动量行事，并不拥有跨行业的专门技术。

卡丹等（Kadan et al.，2012）在月一致行业评级调高到优组合中剔除过去回报率高的赢家组合后仍能带来下个月显著为正的超常回报，在月一致行业评级调低到差组合中剔除过去回报率低的输家组合后仍能带来下个月显著为负的超常回报，说明月一致行业评级组合并不依赖于行业动量，剔除行业动量因素后仍有投资价值，证明了分析师的月一致行业评级中拥有跨行业的专门技术。如果分析师并不能预见行业长期的走势，行业评级只是为某些行业煽风点火，引起暂时性的价格压力，从而使得短期内拥有行业超常回报，那么持续时间不会太久，因为价格最终将会回归价值。为此他们研究了投资组合形成后 3 个月、6 个月、12 个月的中长期限下的情形，发现行业评级变化组合仍然能带来显著的超常回报，只是比 1 个月情形下的超常回报的要小一些，这再次证明了分析师的月一致行业的评级中包含着跨行业的专门技术的信息。分析师的月一致行业评级变化和月净公司评级变化信息的联合能产生增量的信息，比起单独的行业评级信息或是公司评级的信息，联合的信息对投资者具有更高的参考价值。

蔡和岑（Cai & Cen，2015）比较了分析师给出的有利评级的行业和给出的不利评级的行业，发现前者表现更好。给出有利评级的行业，行业在中长期表现优于基准指数；给出不利评级的行业，行业在中长期表现劣于基准指数。

姜璞然（2020）发现分析师的行业评级变化在制造业、批发和零售业以及采矿业产生了显著为正的超常回报，而在信息技术行业、交通运输业和房地产等行业不能产生显著的超常回报。

武俊星（2020）发现行业一致投资评级水平和行业一致评级变化并不能产生显著的超常回报，因而对投资者意义不大。

母国良（2021）发现经济政策不确定性较高时比经济政策不确定性较低时，分析师行业评级向上变化能够带来更为显著的超常回报。

2.3   分析师评级的信息含量的影响因素

2.3.1   利益关系

虽然朱红军等（2007）得出了我国分析师的信息搜寻活动能提高股价的信息含量[1]、降低股价同步性、提高资本市场定价效率的结论，但由于样本的时间区间太短，说服力不够[2]，分析师是否真正起到了有效加工和传播信息、使信息迅速反映于股价、提高市场定价效率、缓解信息不对称的作用值得怀疑。屡屡出现的分析师"黑嘴"现象更是加深了投资者的质疑，长此以往投资者还会不会信任分析师？杨大楷和王佳妮（2012）通过问卷调查发现，如果把个人投资者心目中分析师可信度划为非常可信到非常不可信五档，分析师的可信度只能排在中间一档，即部分可信。贝等（Bae et al. , 2015）发现在更重视信托责任的国家，市场对分析师评级的反应更强，当存在分析师利益冲突的时候，信托责任对分析师评级的信息含量的影响变得更强，它增强了分析师评级的价值。

我国股市的基金公司不具备沪深交易所的会员资格，因而需要租用券商的交易席位进行买卖，为此要向券商支付交易佣金。基金的规模决定了需要租用多家券商的交易席位，即所谓分仓。券商研究部门看似不直接创造收入，其实对券商创收作用很大。由于券商将基金分仓收入作为考核分析师绩效的重要指标，因此分析师为了争取基金分仓收入、为了获得基金经理的赏识、为了参股基金的券商的利益，有动机给出乐观评级（吴超鹏等，2013；姜波和周铭山，2015；Huang et al. , 2016）。分析师为了替券商争取投资银行业务、为了提高券商承销的股票销售额，有动机给出乐观

---

[1]   他们以股价同步性作为股价信息含量的测度。不同于本书所指的评级的信息含量，评级的信息含量是指评级是否能够引起同向的超常回报。

[2]   由于当时 Wind 数据库只有 2004～2005 年的分析师数据，他们研究的分析师数据和 A 股数据都是该时段的。Wind 数据库的分析师公司评级数据和行业评级数据实际上自 2004 年 8 月起才开始逐渐多起来，因此他们的实际研究区间更短了。

评级（Dugar & Nathan，1995；吴超鹏等，2013）。格鲁斯伯格等（Groysberg et al.，2011）发现分析师薪酬与其为券商的投资银行部门带来的投行业务收入呈显著正相关。分析师为了增加券商的经纪部门的交易手续费，有动机给出乐观评级以促进交易（McNichols & O'Brien，1997；Irvine，2004；康健，2013；Huang et al.，2016）。分析师为了和上市公司搞好关系以便从上市公司管理层那里获得公司特质信息，有动机给出乐观评级（Francis & Philbrick，1993；赵良玉等，2013）。对于券商自营股票、券商担任大股东和 IPO 时有券商股权投资背景的公司，分析师有动机进行乐观评级（曹胜和朱红军，2011；陈维、陈伟和吴世农，2014；胡娜等，2014；Alfonso et al.，2016）。

　　乐观偏差的评级可能会影响评级的信息含量，也可能损害投资者利益。本书以下侧重从承销关系的角度研究分析师的利益关系对分析师评级的信息含量的影响。

　　杜加尔和南森（Dugar & Nathan，1995）发现承销商分析师发布的盈余预测和投资评级比非承销商分析师均更为乐观，二者的评级带来的市场反应却无明显区别。

　　亨顿和麦克尤恩（Hunton & McEwen，1997）发现承销商组发布最乐观的预测，然后是经纪人组，控制组发布最少乐观倾向的预测。

　　林和麦克尼科尔斯（Lin & McNichols，1998）研究了股票增发的样本，发现承销商分析师和非承销商分析师相比短期盈余预测并不更为乐观，但承销商分析师的长期盈余增长预测和投资评级更为乐观。他们发现承销商分析师和非承销商分析师给出"强烈买入"和"买入"评级的股票的评级 3 日后回报率无显著差异，承销商分析师和非承销商分析师给出"持有"评级的股票的评级 3 日后回报率有显著差异，前者负得更多，说明由于承销商分析师更为乐观，他们会尽量避免给出"卖出"评级，一旦他们给出相对保守的"持有"评级，市场认为这是卖出信号的委婉传达。

　　米歇尔和沃马克（Michaely & Womack，1999）研究表明承销商分析师的"买入"评级占比更高，其市场表现更糟糕。

　　阿斯奎斯等（Asquith et al.，2005）研究表明承销商分析师比非承销商分析师调低评级能够带来更加负向的市场反应，这说明承销商分析师的评级变化更有信息含量。

巴伯等（Barber et al.，2007）发现承销商分析师的"买入"（"卖出""持有"）评级比非承销商分析师的有更小（大）的为正向（负向）的市场反应。

虽然更多的学者发现承销关系使分析师的预测和投资评级更为乐观，但也有部分学者有不同的发现。艾伦和福尔哈伯（Allen & Faulhaber，1989）发现在首次公开募股（IPO）的时候，信息严重不对称，对股票的预测有较大的意见分歧，承销商分析师对其所属券商承销的股票比非承销商分析师拥有更多的信息优势，因此其发布的预测更为准确。卡丹等（Kadan et al.，2009）发现全球分析师研究协议的出台让承销商分析师相对乐观的评级水平下降了。该协议试图隔离分析师和投行部门的活动，以防止二者间的不当往来。科温等（Corwin et al.，2015）也发现全球分析师研究协议导致核准券商的分析师的承销关系偏差产生实质性的减少，而非核准券商的分析师的承销关系偏差还是很大。

国内的相关研究表明承销商分析师评级的乐观程度明显大于非承销商分析师（原红旗和黄倩茹，2007；郑方镳，2009）。冯旭南和李心愉（2011）发现对IPO后一年内的公司，当股价表现较差时，主承销商分析师倾向于给出"买入"评级，而其他分析师往往在股价表现较好时才给出"买入"评级，这使得主承销商分析师推荐的新股表现较差。潘越等（2011）发现承销商分析师用更为乐观的评级去支撑新股的价格，投资者会根据其乐观偏误采取一定的自适应调节行为。杨大楷等（2011）发现承销商分析师比非承销商分析师的评级更加乐观。康健（2013）的发现和国内上述学者不同，他对沪深A股2007~2009年的研究发现，券商的承销业务对评级没有显著影响，经纪业务收入占比和机构投资者持股比例才是影响分析师评级乐观程度的关键。刘洋和李星汉（2015）发现在定向增发预案公告前、后12个月和股份锁定期内，承销商分析师的评级都比非承销商分析师的评级更为乐观。

2.3.2　声誉

分析师所获奖金和其主要客户——机构投资者的认可有关。布鲁斯

（Bruce，2002）指出在机构投资者杂志的年度"全美研究团队"评选中获奖的分析师粗略估计收入会增加 100 万美元。杰克逊（Jackson，2005）认为分析师乐观预测为券商带来更多交易手续费，而好的分析师声誉也能带来更多交易手续费。因此，在发布乐观预测以产生交易手续费和发布无偏预测以建立声誉之间便存在一定矛盾。

永奎斯特等（Ljungqvist et al.，2006）研究表明券商的承销业务会影响到分析师评级，但偏差过大的评级达不到效果，分析师还是会注重声誉。杨大楷等（2011）发现已经获得声誉的分析师会约束利益冲突行为，尚未获得声誉的分析师会采取利益冲突行为以迎合机构投资者。马塞（Macey，2013）指出虽然声誉营造的高信任环境一度对资本市场的运行至关重要，但在美国这样监管严格的国家，情形已经发生了变化。搜寻信息成本下降使得人们相对而言更重视个人声誉而非机构声誉，法律体系和监管体系正在取代声誉所起的作用。

布朗和陈（Brown & Chen，1990）将最佳分析师预测和分析师预测的算术平均值相比，发现 54% 的最佳分析师预测表现更好，将最佳分析师预测和分析师预测的加权平均值（按历史预测、及时性等加权）相比，发现 26% 的最佳分析师预测表现更好。

施蒂克尔（Stickel，1990）发现最佳分析师发布预测时和其他分析师相比更能坚持己见、不人云亦云。施蒂克尔（Stickel，1992）发现最佳分析师大幅调高预测时比其他分析师调高预测能引起更强烈的市场反应，最佳分析师大幅调低预测时和其他分析师调低预测引起的市场反应相近。施蒂克尔（Stickel，1995）发现最佳分析师"买入"（"卖出"）评级比非最佳分析师"买入"（"卖出"）评级有更大的正向（负向）市场反应。

姚铮等（2009）研究表明在日窗口下明星分析师的"买入"评级的超常回报更低，说明明星分析师存在误导投资者的现象。在周窗口下明星分析师和顶级券商的"调低"评级具有更低的显著为负的超常回报，说明市场认可明星分析师和顶级券商的负向评级。

郑方镳（2009）研究表明声誉会让分析师的盈余预测更乐观，但不会让分析师的评级更乐观。最佳分析师的"买入"（"卖出"）评级有更加正向（负向）的市场反应。说明最佳分析师和其他分析师评级的信息含量和评级的市场反应存在显著差别。

王伟峰和何镇福（2012）研究表明顶级券商的"买入""增持"评级带来的累积超常回报高于业内平均水平，"中性"评级带来的累积超常回报低于业内平均水平。

王宇熹、洪剑峭、肖峻（2012）发现在"买入/增持"组下，顶级券商的市场反应比非顶级券商的市场反应大，非最佳分析师的市场反应比最佳分析师的市场反应大。在"中性"组下，非顶级券商的市场反应比顶级券商的市场反应大。他们得出的结论是顶级券商最佳分析师的评级不一定就更具价值，因为分析师研究报告不够独立。

吴超鹏等（2013）研究表明为了维持与基金的关系，最佳分析师的评级比非最佳分析师的评级更乐观。

伊志宏和江轩宇（2013）研究表明最佳分析师"调高"（"调低"）评级时市场反应更加为正（负）。最佳分析师在提供公司层面信息上有优势，但在提供行业层面信息上无优势。

李春涛等（2014）以《新财富》的"最佳分析师"排名界定明星分析师，以券商人数是否超过中位数值界定券商规模大小。发现在评级发布前后［－5，＋5］事件窗内，明星分析师"调低评级"有显著为负的平均累积超常回报，在"调高评级"方面最佳分析师没有优势。评级后［＋1，＋42］事件窗内，大券商的"调高评级"有显著为正的平均累积超常回报，在"调低评级"方面大券商没有优势。

李勇等（2015）研究表明最佳分析师的"买入"或"增持"评级（"卖出"或"减持"评级）在评级发布后30天内有比一般分析师更大的显著为正（负）的市场反应。他们认为这归因于最佳分析师的专业能力。

王春峰等（2015）研究表明顶级券商和最佳分析师的"上调"评级在［－3，＋3］和［－5，＋5］的事件窗都有显著为正的累积超常回报，顶级券商的"上调"评级比最佳分析师的市场影响更大。顶级券商和最佳分析师的"下调"评级的累积超常回报并不显著。

吴偓立等（2016）发现明星分析师的评级质量只与总体平均水平持平，并没有向投资者传递更有用的信息。

周铭山等（2016）发现明星分析师的研究报告易造成市场过度反应，

这是由于投资者会对明星分析师的研究报告过度解读造成的。

张然等（2017）发现根据明星分析师的评级变化构建套利组合能够产生月均 0.92% 的显著为正的超常回报，而投资者并没有意识到明星分析师与非明星分析师在能力上的差异。

蒋彧和季慧萍（2018）发现在短期内，高声誉的券商的评级变化能够引起更显著的超常回报。

逯东等（2020）发现明星分析师倾向于对关联机构投资者重仓持股的股票乐观评级，而明星分析师对关联股票的乐观评级的信息质量并不高，明星分析师对非关联股票的研究表现也很差。

武俊星（2020）发现高声誉的券商和高声誉的分析师给出的评级变化能够引起更显著的超常回报。

赵留彦和宁可（2020）发现明星分析师向上的评级变化能够引起更显著的超常回报。

龚文婷（2022）发现短期内明星分析师的研究报告能够引起显著的超常回报，长期内高声誉券商能够引起更显著的超常回报。

2.3.3 牛市、熊市

巴伯等（Barber et al.，2001）发现最优（最差）一致评级组合的经风险调整后的超常回报在牛市、熊市下没有显著区别，最优一致评级组合的超常回报始终高于最差一致评级组合。

巴伯等（Barber et al.，2006）发现各个投资组合"调低到持有或卖出""初始、维持持有或卖出"在熊市比在牛市表现更差，对"调高至买入""初始、维持买入"在牛市、熊市没有统一的规律。在牛市、熊市对于给出最少"买入"评级的券商和给出最多"买入"评级的券商，"调低到持有或卖出"评级带来的超常回报没有显著区别，"初始、维持买入"也没有显著区别，"初始、维持持有或卖出"有显著区别。

巴伯等（Barber et al.，2007）发现在牛市非核准券商和核准券商的"买入评级"的超常回报没有显著区别，在熊市非核准券商的"买入评级"的超常回报显著更大。

卡丹等（Kadan et al.，2012）的样本期是 2002 ~ 2009 年，他们发现行业评级组合带来的显著的行业超常回报，在 2008 年的熊市也并没有发生均值回归，进而发现在牛市、熊市下行业评级组合带来的显著的行业超常回报没有显著区别。

罗和史图斯（Loh & Stulz，2018）发现当经济周期不景气的时候投资者会更倚重分析师，此时分析师评级变化的市场反应更大，此市场反应维持的时间也较长。

帕克和帕克（Park S. J. & Park K. Y.，2019）发现，2001 ~ 2016 年按照分析师的建议构建套利组合，扣除交易成本后，每年也会产生 4.7% ~ 5.8% 的超常回报。

苏等（Su et al.，2020）研究了英国股市，发现当经济周期不景气的时候，分析师评级变化能带来显著的市场反应；当经济周期景气的时候，分析师评级变化却不能带来显著的市场反应。

国内学者冯体一（2013）研究了 CSMAR 数据库的分析师评级数据，指出"买入"和"增持"评级无论在牛市还是在熊市都可以获得围绕评级公布日的显著为正的 3 日超常回报；持有评级在牛市超常回报显著为正，在熊市显著为负；卖出及减持评级在牛市超额回报为正，不显著，在熊市超常回报为负，不一定显著。可见在不同的市场状况下相同评级的含义可能会不同。

王宇熹、洪剑峭和肖峻（2012）发现，"买入/增持"组在牛市下有着比在熊市下经三因素、四因素模型调整后显著更高的正超常回报。"减持/卖出"组在牛市下有着经风险调整后显著为负的超常回报；在熊市下，经风险调整后的超常回报显著为正。

万丽梅和逯东（2013）发现在牛市下，投资者情绪高涨，明星分析师与非明星分析师都倾向于发布乐观的评级以迎合投资者情绪，他们不需要去搜集公司的特质信息，因此在提供公司特质信息上无显著差异。在熊市下，投资者情绪低落，明星分析师和非明星分析师都有动力去搜寻公司的特质信息，明星分析师的声誉使其能够更有效地搜寻公司的特质信息，其在降低股价同步性水平上的贡献是非明星分析师的 6 倍以上，其搜寻的公司信息越有效意味着其评级的市场反应越强烈。

郭艳红等（2019）发现分析师在牛市倾向于发布更乐观的投资评级，在熊市倾向于发布更保守的投资评级，分析师的评级变化在牛市、熊市的信息含量不同。乐观评级在熊市的价值比在牛市的价值更高。

武俊星（2020）发现在牛市根据分析师评级所取得的超常回报并不优于市场平均水平。

沈勇涛和高玉森（2020）发现分析师报告在牛市中信息含量不高，在熊市中有更高的信息含量。

陈灿灿（2022）发现在牛市评级水平比评级变化能够引起更大的超常回报，在熊市评级变化比评级水平能够引起更大的超常回报。

2.4 文献述评

国内外大量实证研究证明了公司评级含有信息含量，正面（负面）评级带来显著的正向（负向）超常回报（Lloyd – Davies & Canes，1978；Elton et al.，1986；Stickel，1995；Womack，1996；Mikhail et al.，1997；Francis & Soffer，1997；Barber et al.，2001·，2006，2010；Jegadeesh et al.，2004；Boni & Womack，2006；Loh & Mian，2006；Jiang & Kim，2010；Liu，2011；Faias & Mascarenhas，2015；肖峻和王宇熹，2006；刘昶和修世宇，2008；郑方镳，2009；汪弘等，2013；李春涛等，2014；赵留彦和宁可，2020；王玉涛等，2021）。也有研究发现负面评级带来的超常回报虽为负但不显著（Liu et al.，1990；王征等，2006；王宇熹、肖峻和陈伟忠，2012）。以往文献的不足之处在于较少去探寻正面评级和负面评级的市场反应不对称的原因，把对正面评级、负面评级、套利组合的研究放在同等重要的地位。当所属券商担任股票的承销商、当所属券商持股、当基金重仓持股，分析师缺乏给出负面评级的动机。害怕得罪上市公司管理层后拿不到私有信息，分析师也不愿意给出负面评级。既然我国股市存在卖空限制，还必须考虑卖空限制对股价、分析师行为、投资者行为的影响。较多学者认为卖空限制导致股价高估（Allen et al.；1993；周春生和杨云红，2002；Scheinkman & Xiong，2003；Harris et al.，2013）。卖空限制使得投资者即使看空股市，也不能通过融券卖空股票再低价买入以获利，只能采取单边交易行为。卖空限制使得券商难以从投资者的卖空中得到交易手续费，分析师缺乏激励卖空股票的动机（Brav & Lehavy，2003）。分析师没有动力去搜集负面信息，导致悲观评级的市场反应还不如乐观评级（汪弘等，2013）。放松卖空限制后，允许卖空的股票价格预期会下跌（Altken et al.，1998；Chang et al.，2007；陈淼鑫和郑振龙，2008）。在我国限制卖空的政策背景下分析师缺乏负面评级的动力。总之真正意义上的负面评级极少出现，因此本书关注的重心应该放在正面评级组合而非负面评级组合和套利组合。

较多研究以事件研究法衡量评级的信息含量，以围绕评级公布日的累积超常回报率衡量市场反应（Davies & Canes，1978；Liu et al.，1990；Stickel，1995；Womack，1996；Mikhail et al.，1997，2004；Francis & Soffer，1997；Liu，2011）。有的研究采用一致评级（一段时期内评级的均值），以市场、CAPM模型、三因素模型、四因素模型进行风险调整后的超常回报率衡量评级的信息含量（Barber et al.，2001，2006，2010；Jegadeesh et al.，2004；Boni & Womack，2006；Loh & Mian，2006；Howe et al.，2009；Kadan et al.，2012）。采用事件研究法的局限在于需要了解评级的确切日期，而数据库中的评级相对于评级最初的发布时间实际上有一定的延迟。采用事件研究法，如果有羊群行为，还会导致错误认识评级行为与股价波动的对应关系。本书采用的一致评级的优点在于：一致评级比单个分析师的评级能更好地代表分析师群体对股票的看法，抵消个体评级误差。

有的文献认为评级水平很重要（Stickel，1995；Barber et al.，2001，2006，2010），有些文献认为评级水平相对评级变化来说不重要（Francis & Soffer，1997；Jegadeesh et al.，2004；Boni & Womack，2006）。评级水平和评级变化的衡量方式其实会影响到评级组合的信息含量。杰加迪西等（Jegadeesh et al.，2004）、豪等（Howe et al.，2009）的一致评级水平是取过去一年的均值。杰加迪西等（Jegadeesh et al.，2004）的一致评级变化是季度的变化。豪等（Howe et al.，2009）的一致评级变化是月度的变化，但豪等（Howe et al.，2009）用过去季度的一致评级变化的均值预测未来季度的回报。二者的评级信息均显陈旧。博尼和沃马克（Boni & Womack，2006）使用月一致评级水平和月评级净变化，他们的最优水平和最差水平对应的评级是 1 和 5，不一定能够使样本高度分离。卡丹等（Kadan et al.，2012）使用了月一致行业评级变化和月公司评级净变化，月一致行业评级变化的尺度划分具有随意性。总之现存文献对一致评级水平和一致评级变化的划分存在一定问题。本书采用前一年度的月一致评级分布的前、后20%分位数作为当前年度的月一致评级水平和月一致评级变化分组的标准。按一致评级分布的前、后20%分位数而非按绝对评级分值分组能够实现样本的高度分离，在各年度评级事实上存在不同程度偏差的情形下保证了优、差评级组合里的样本有足够的代表性。采用一致水平是为了抵消个体预测误差。但是一致水平的变化有可能只代表不同分析师的意见分歧，未必意味着新的信息，因此本书还采用了月评级净变化来精确刻画同一分析师评级的变化。

伯尼和沃马克（Boni & Womack，2006）、豪等（Howe et al.，2009）、卡丹等（Kadan et al.，2012）用公司评级模拟行业评级。后两篇文章发现公司评级模拟的行业评级能够预测行业未来的超常回报。本书的研究中也用公司评级模拟了行业评级，研究模拟行业评级是否具有信息含量及其与真实行业评级的信息有用性的比较。本书与其他研究的不同之处在于研究了公司评级与模拟行业评级联合的信息含量。

卡丹等（Kadan et al.，2012）最早用真实行业评级来研究行业评级的信息含量。即使单独依靠行业评级不能预测未来的行业超常回报，也不能否定行业评级的信息价值，但只要行业评级和公司评级联合可以产生增量信息，便可以认为行业信息有用。卡丹等（Kadan et al.，2012）最早将行业评级与公司评级联合起来研究。发现公司评级和行业评级联合产生了增量信息。卡丹等（Kadan et al.，2012）使用的是一致行业评级变化和公司评级净变化的联合，他们研究的不足是没有解释为何行业评级变化采用一致评级的变化而公司评级的变化采用净变化。构成一致评级变化的前后两次的分析师可能不同，未必反映新信息。评级净变化中所包含的每一个评级变化都是同一分析师对同一公司（行业）所为，极有可能是由于有新的信息出现导致分析师的评级发生变化，这两类变化不能混为一谈。本书研究行业评级和公司评级联合的信息含量时，避免了以往研究的片面性，较为全面地研究了包括月一致公司评级水平和月一致行业评级水平的联合、月一致公司评级变化和月一致行业评级变化的联合、月公司评级净变化和月行业评级净变化的联合这几种可能的公司评级和行业评级的联合。

存在承销商分析师相对乐观的评级水平下降或并不更乐观的证据（Kadan et al.，2009；康健，2013），但更多文献发现承销商分析师的评级更乐观（Dugar & Nathan，1995；Hunton & McEwen，1997；Lin & McNichols，1998；原红旗和黄倩茹，2007；郑方镳，2009；潘越等，2011；杨大楷等，2011；冯旭南和李心愉，2011；刘洋和李星汉，2015）。乐观偏差会误导投资者、加剧信息不对称、阻碍资源有效配置。存在承销商分析师和非承销商分析师的投资评级无显著差异的证据（Dugar & Nathan，1995；Lin & McNichols，1998），还有承销商分析师的预测更为准确的证据（Allen & Faulhaber，1989），但更多文献发现承销商分析师的"买入"评级表现更差，"持有""卖出"评级有负向的市场反应（Michaely & Womack，1999；Asquith et al.，2005；Barber et al.，2007；冯旭南和李心愉，2011）。承销商分析师有动机为了增进券商的承销业务而给出乐观评级，投资者对评级的反应可能会受到影响。本书研究了承销商分析师组和非承销商分析师组月一致公司评级水平和月一致行业评级水平联合的信息含量，研究了承销商分析师组和非承销商分析师组的公司评级和行业评级联合的信息含量有无显著差异，这是此前的文献中没有提及的工作。

分析师声誉和券商声誉会给分析师个人和券商带来好处（Bruce，2002；Jackson，2005，逯东等，2020）。分析师声誉会使分析师约束自身行为（Ljungqvist et al.，2006；徐浩萍和罗炜，2007；杨大楷等，2011）。较多文献认为分析师声誉或券商声誉使其评级更有信息含量（Brown & Chen，1990；Stickel，1990，1992，1995；郑方镳，2009；王伟峰和何镇福，2012；伊志宏和江轩宇，2013；李春涛等，2014；李勇等，2015；王春峰等，2015；张然等，2017；蒋彧和季慧萍，2018；武俊星，2020；赵留彦和宁可，2020；龚文婷，2022）。也有文献表明分析师声誉或券商声誉有时会误导投资者（姚铮等，2009；王宇熹、洪剑峭和肖峻，2012；吴超鹏等，2013；吴偎立等，2016；逯东等，2020）。不同声誉的主体的研究能力不同、声誉影响下分析师评级的动机不同，投资者对评级的反应可能会考虑声誉的影响。本书研究了最佳分析师组和非最佳分析师组月一致公司评级水平和月一致行业评级水平联合的信息含量，研究了最佳分析师组和非最佳分析师组的公司评级和行业评级联合的信息含量有无显著差异，这也是此前的文献中没有提及的工作。

巴伯等（Barber et al.，2001）、卡丹等（Kadan et al.，2012）发现牛市、熊市下分析师评级的市场反应没有显著区别。更多文献发现牛市、熊市不同的市场环境下不同评级可能呈现出不同的市场反应（Barber et al.，2006，2007；王宇熹、洪剑峭和肖峻，2012；冯体一，2013；万丽梅和逯东，2013；郭艳红等，2019；沈勇涛和高玉森，2020；陈灿灿，2022）。投资者对评级的反应可能会受到不同市场环境的影响。目前尚无文献研究牛市、熊市下的分析师的公司评级和行业评级联合的信息含量。本书研究了牛市和熊市月一致公司评级水平和月一致行业评级水平联合的信息含量，研究了牛市和熊市公司评级和行业评级联合的信息含量有无显著差异。

第 *3* 章

评级的信息含量理论分析与研究设计

3.1 理论分析及研究假设

3.1.1 有效市场假说与评级信息含量研究

法玛（Fama，1970）系统地提出了有效市场假说，他指出，当证券价格能够充分反映全部可获得的信息时，证券市场就是有效市场。法玛根据投资者可依据信息的种类，将有效市场分成了弱式有效市场、半强式有效市场和强式有效市场。在弱式有效市场，投资者可依据的信息集是历史信息（证券历史价格、成交量等）。在半强式有效市场，投资者可依据的信息除了历史信息外，还包括所有公开信息（有关政治、社会信息；财政政策、货币政策、产业政策、经济增长、通货膨胀、失业等宏观经济信息；盈余公告、分红信息、并购、会计核算方法变更等微观经济信息；证券咨询机构的信息）。在强式有效市场，投资者可依据的信息集是包含历史信息、所有公开消息、内部信息（非公开的内幕信息）在内的全部信息。由于价格已经反映了全部信息，投资者无法通过信息获得超常回报。资本资产定价模型、套利定价理论等众多现代金融投资理论都是建立在有效市场假说的基础之上（徐龙炳和陆蓉，2001），在会计研究中至关重要的信息含量研究和价值相关性研究也都是建立在有效市场假说的基础之上（陆正飞等，2008）。

格罗斯曼和斯蒂格利茨（Grossman & Stiglitz，1980）指出了有效市场假说的悖论，他们认为如果证券价格充分反映了全部可获得的信息，信息搜寻者从证券价格就可以推导出关于证券内在价值的信息，则不会有动力去收集信息。因为收集信息是有成本的，信息搜寻者不愿意劳而无功。但是，如果信息搜寻者不去收集信息，证券价格又不能有效反映证券内在价值，则证券价格最终只能反映知情交易者所拥有的部分信息。

证券分析师与有效市场的关系颇为微妙，他们存在的本身代表着市场缺乏效率，其又是使市场有效的结构性框架的一部分（林翔，2000）。噪声和信息不对称的存在使投资者对信息的敏感度不同。比弗（Beaver，2002）认为分析师的专业能力可以促使会计信息反映到股票价格中。分析师通过拥有的专业能力和信息渠道优势，有望通过对历史信息、公开信息、内部信息的挖掘和分析，提高市场的定价效率、提高价格对资源配置的引导作用、缓解信息不对称程度。分析师在加工信息与传播信息上所起的作用，使其成为需要资金的企业和投资者之间重要的信息中介，使其在资本市场研究中具有重要价值。

泰尔（Theil，1967）对信息的定义是关于事件结果的预期发生改变。如果信息导致投资者对未来股票回报的估计发生改变，进而股票市场均衡价格发生改变，则可以说信息具有信息含量。比弗（Beaver，1968）认为不仅关于事件结果的预期要发生改变，而且改变要大到足以引起决策者行为的变化，才可以说信息具有信息含量。他以股价变化和股票交易量变化来衡量信息的信息含量。股价变化反映的是整个市场预期的变化，股票交易量变化反映的是单个投资者预期的变化。陆正飞等（2009）认为如果用股票交易量变化衡量信息的信息含量会有很大的噪声。即使信息拥有信息含量，当人们对未来预期一致时，股票交易量也未必变化。本书研究分析师评级信息的信息含量，仅用股价变化来衡量分析师评级信息的信息含量。如果分析师的公司评级或行业评级与股价变化之间具有统计意义上的显著相关时，就可以说分析师的公司评级或行业评级具有信息含量。分析师评级中的信息包含可公开获取的信息，也有可能包含从公司管理层那里得到的内部信息。从我国证监会 1993 年颁布的《公开发行股票公司信息披露实施细则》推断，评级信息中必然包含公开信息而不必然包含内部信息。所以基于分析师评级构建的投资组合能否持续获取超常回报，只能为我国股市是否达到半强式有效提供经验证据。如果基于分析师评级构建的投资组合能够持续获取超常回报，说明我国股市未达到半强式有效。

在有效市场中，证券的市场价格完全反映了证券的内在价值，投资者依据信息集无法持续实现超常回报。超常回报指的是证券投资的实际回报超过正常回报的部分。正常回报由市场因素和证券的系统风险水平决定。投资异象并不足以否认市场的有效性，如果在控制风险因素之后超常回报仍然存在才有可能说明市场无效。资本资产定价模型（CAPM）指出市场风险因素可以解释股票的预期回报。法玛和弗伦奇（Fama & French，1993）指出 CAPM 模型没有完全囊括股票所承担的风险因素，他们在 CAPM 模型的市场风险因素之外又加上市场规模因素和账面市值比因素。CAPM 模型建立在坚实的经济学理论推导之上，而三因素模型是基于实证经验之上的，缺乏经济学理论的支撑，但三因素模型可以很好地解释股票的预期回报，因而被普遍的接受。卡哈特（Carhart，1997）在 Fama - French 三因素模型的基础上引入了动量因素形成四因素模型。本书分别采取 CAPM 模型、三因素模型和四因素模型来衡量控制风险因素之后的超常回报。

3.1.2 公司评级的信息含量

分析师评级的目的是向信息使用者提供与决策相关的信息。分析师通过评级向投资者提供了新信息，投资者又在多大程度上能够感知分析师评级的信息价值呢？如果投资者依据分析师的公司评级构建的投资组合能够获得超常回报，说明分析师公司评级向市场传递了新的有用信息。一般来说，"买入"（"卖出"）评级会带来正（负）的超常回报，"调高"（"调低"）评级会带来正（负）的超常回报，信息驱动了股价。评级水平不同带来的市场反应也应当不同。分析师给出"买入"评级的时候比给出"增持"评级的时候更加相信股票价值被市场低估，因此"买入"评级理应比"增持"评级引起更强烈的正向市场反应。分析师给出"卖出"评级的时候比给出"减持"评级的时候更加相信股票价值被市场高估，因此"卖出"评级也应当比"减持"评级引起更强烈的负向市场反应。分析师评级变化是分析师预期股票业绩发生变化的一个直接信号，评级变化意味着在过去信息的基础上发现了新的信息。

沃马克（Womack，1996）指出"调低"评级变化往往会得罪持股基金、管理层，既然冒险讲真话，当然更加可信，市场的反应也更大。弗朗西斯和索弗（Francis & Soffer，1997）发现投资者把"持有"评级视同"卖出"评级。巴伯等（Barber et al.，2006）发现市场对于乐观评级占比最少券商的正向评级变化和乐观评级占比最大券商的负向评级变化的反应更为强烈。卖空限制的存在使得券商难以从投资者的卖空中得到交易手续费，再加上负面评级会得罪利益相关者，分析师缺乏激励卖空的动机（Brav & Lehavy，2003）。分析师没有动力去搜集负面信息（汪弘等，2013）。分析师较多给出"强烈买入""买入""持有"投资评级，较少给出"卖出"和"强烈卖出"投资评级（McNichols & O'Brien，1997）。负面评级既然少见，分析师一旦给出负面评级，市场按理说应该反应强烈。但是，由于分析师在正面评级和负面评级方面下的功夫不一样，长期以来真正的负面评级微乎其微，也许投资者根本就不会注意负面评级，偶尔出现负面评级也不会引起反响。预期正面评级和负面评级引起的市场反应不对称。有文献发现正面评级带来显著的正向超常回报，负面评级带来负向却不显著的超常回报（Liu et al.，1990；王征等，2006；王宇熹、肖峻和陈伟忠，2012）。

较多的研究以事件研究法研究评级的信息含量，以围绕评级公布日的累积超常回报率衡量市场反应。分析师之间有可能存在羊群行为，经验不足的分析师给出的评级可能是追随领先分析师的羊群行为。领先分析师的评级或许有新信息，羊群分析师的评级并无新信息，此时采用事件研究法分析的话，会导致错误认识评级行为与股价波动的对应关系，最终导致错误理解评级的信息含量。事件研究法还需要知道评级发布的确切日期。围绕事件窗的回报率容易受到周围容易混淆的其他事件的干扰。霍赫勒等（Hoechle et al.，2015）研究了 IBES 数据库的时间戳误差，发现 IBES 的评级数据的公布时间有系统性的延迟，既然评级在别的数据源有一定的泄露，那就会导致 IBES 评级公布时的市场反应显著偏低。在数据库中的评级数据存在滞后或评级的确切日期并不确定的情况下，使用月一致评级可以减少误差。对一致评级组合，以市场、CAPM 模型、Fama - French 三因素模型、Carhart 四因素模型进行风险调整后的超常回报率衡量市场反应。

本书采用一致评级水平作为衡量评级水平的指标。一致评级水平是对一段时间内的分析师评级取均值。一致评级比单个分析师的评级更能代表分析师群体对股票的看法。一致评级可以综合不同分析师拥有的不同信息，将个别分析师的异质性信息通过取平均去掉，抵消个体评级误差。采用一致评级，便于和三因素、四因素数据匹配，计算经过三因素模型、四因素模型进行风险调整后的超常回报。本书采取一致评级变化和评级净变化作为衡量评级变化的指标。一致评级变化是指多位分析师针对同一公司（行业）的一致评级水平（评级均值）的变化。鉴于构成一致评级变化的前后两次的分析师可能不同，也许只代表不同分析师的意见分歧，未必代表新的信息出现。评级净变化是指多位分析师针对同一公司（行业）的评级变化的合计。评级净变化中所包含的每一个评级变化都是同一分析师对同一公司（行业）的评级发生变化，极有可能是由于有新的信息出现导致分析师的观点发生变化。

虽然每天数据库中都会有大量的公司评级涌现，但公司评级的变化并不频繁。埃尔顿等（Elton et al.，1986）发现每个月约有 11.6% 的评级会变化，可推知一只股票在一个评级组合中平均超过 8 个月才会有评级变化。沃马克（Womack，2006）发现 80% 的新评级保留至少 6 个月的评级，新评级的平均保持期限是 1 年。伯恩哈特等（Bernhardt et al.，2016）证明了分析师不愿意轻易做出评级变化。既然评级变化不频繁，一旦发生，很有可能意味着新信息的出现。预期评级变化包含的信息比评级水平更多。瓦伦丁（Valentine，2011）指出评级之后频繁变化会让投资者质疑评级的可信度。分析师不一定每个月都变化评级，但有实质性的新信息时还是会变化评级。如果分析师一次评级变化幅度过大而又被证明是错的，会影响其声誉和职业生涯，因此分析师喜欢小幅变化，如果小幅变化没能到位则下一个月需要再次变化。我国同一分析师针对同一公司的公司评级变化的时间间隔一般为一个月。如果分析师的评级水平或评级变化以日度数据为单位，则划分过细；如果以季度数据或年度数据为单位，包含的信息又过于陈旧，不能及时反映新信息的出现。因此本书以月度数据为单位研究评级水平和评级变化。

基于以上分析,本书提出以下假设:

H1a:月公司评级信息能带来显著的市场反应。

H1b:月公司评级变化相对于月公司评级水平有更大的市场反应。

3.1.3 行业评级的信息含量

如果投资者根据分析师的行业评级构建行业投资组合能带来未来显著的行业超常回报,说明分析师的行业评级具有信息含量。

公司评级更受关注与公司评级中可能拥有来自公司管理层的私有信息有关,若是这样,则分析师相对于投资者拥有信息优势。行业评级往往不受重视,因为行业评级使用的宏观经济信息和行业层面信息可以被投资者广为获取,分析师相对于投资者没有信息优势。除非分析师在分析这些可公共获取的信息上拥有独特的技术,否则依据行业评级构建的行业投资组合很难取得超常回报。

行业评级的一个重要来源是券商发布的定期行业报告,包括行业半年报、行业季报、行业月报、行业周报等。我们观测到的行业评级往往来自新的公司评级报告发布时在报告中附有的行业评级,因此不一定能够鉴别行业评级最初发布的确切日期。如果行业评级的信息是陈旧的,依据行业评级构建的行业投资组合将很难取得超常回报。

同一个行业中,有好的公司,也有差的公司,行业回报率由各公司的回报率平均而成。如果根据分析师的行业评级构建行业投资组合能带来未来显著的行业超常回报,说明行业评级具有信息含量。如果根据行业评级构建行业投资组合不能带来未来显著的行业超常回报,说明行业评级的信息含量不显著,但不能由此断言行业评级毫无信息价值,其信息也许仍然有用。只要依据行业评级能够将行业按好坏排名,哪怕排名靠前的行业都只是相对意义上的好而不是绝对的好,仍然可以给予投资者公司评级信息以外的其他信息来源。投资者有望将公司评级的信息联合行业评级的信息获得信息增量。此时可以认为行业评级具备市场和行业层面的信息,也可以认为行业评级的信息是有价值的。

基于以上分析，本书提出以下假设：

H2：月行业评级信息带来的市场反应不显著。

3.1.4　公司评级和行业评级联合的信息含量

刘（Liu，2011）认为弄清楚分析师的动机到底在于生产行业层面的信息还是在于生产公司层面的信息能够让投资者更有效地使用信息。他发现分析师生产更多公司层面的信息而非行业层面的信息。皮奥特洛斯基和罗尔斯基（Piotroski & Roulstone，2004）却发现分析师的比较优势在于能更好地解释和传播市场和行业层面的信息。其实站在投资者的立场，没有必要分清分析师的动机到底是生产行业层面的信息还是生产公司层面的信息，也没有必要分清分析师的比较优势在于行业层面还是公司层面，因为投资者并非只能在行业层面和公司层面的信息中二选一，投资者完全可以把行业层面和公司层面的信息联合起来。公司评级主要包含公司层面的信息，行业评级主要包含市场和行业层面的信息。公司评级采用自下而上的研究路径，更关注基本面信息。行业评级采用自上而下的研究路径，更关注整个市场的走向、关注行业板块的轮动。研究路径的不同决定了二者的信息含量可能不同。如果仅考虑公司评级，一家公司的公司评级可能为"优"，若它处在一个行业评级为"差"的行业中，而这个行业内部公司之间的依存度高，那么上下游公司不好的业绩很可能波及该公司，使该公司即使当期有优秀业绩也难以为继；如果仅考虑行业评级，即使根据最优行业评级构建的行业评级组合也不敢保证得到显著为正的行业超常回报。所以有必要全面考察公司层面和行业层面的信息。迈耶斯（Meyers，1973）发现在汽车、石油等特定行业里，公司受行业影响大；在其他行业里，公司受行业影响小。虽然行业对公司的影响趋于减小，但仍有必要进行行业分析，因为从业绩良好的行业中挑选业绩良好的公司，避免了业绩不佳的行业可能对公司带来的不利影响。巴斯和唐（Busse & Tong，2012）发现顶级基金经理之所以业绩超凡正是因为他们从好的行业中挑选个股。卡丹等（Kadan et al.，2012）发现将公司评级与行业评级联合起来研究有助于增加投资价值，产生比单纯依靠公司评级或单纯依靠行业评级更高的市场反应。依靠公司评级的信息可以在行业内为公司排名，依靠行业评级的信息可以为行业好坏排名，将高公司排名与高行业排名的信息联合、将低公司排名与低行业排名的信息联合，有望得到增量信息。

美国 NASD 自 2002 年 9 月起采用了 2711 号规章，要求券商公布其评级采用的基准。不同券商的公司评级所采用的基准有可能不同，有的采用市场基准，有的采用行业基准。采用市场基准意味着以市场上所有公司作为比较的基准，公司评级除了包含行业内公司层面的信息外，按理说还包含市场和行业层面的信息，暗示着投资者仅依靠公司评级就可能获得最高投资回报。采用行业基准意味着以同行业内其他公司作为比较的基准，公司评级按理说只含有行业内公司层面的信息，不包含市场和行业层面的信息，暗示着投资者仅依靠公司评级的信息不足以获得最高投资回报，还必须借助行业评级的信息。公司评级采用行业基准显示出比采用市场基准更为审慎的态度。卡丹等（Kadan et al.，2012）发现发布行业评级最多的 6 家券商恰好也是发布公司评级最多的，它们都是采用行业基准①。这些大券商既然有实力研究行业评级，其公司评级完全可以宣称采取的是市场基准，然而他们的公司评级采取的是行业基准。大券商有实力同时雇用公司分析师和行业分析师，这二者各司其职发布公司评级和行业评级。研究实力有限的小券商，或许没有实力同时进行公司研究和行业研究，如果他们宣称公司评级采取市场基准，他们的公司评级是否真的含有市场和行业层面信息？他们到底是拥有处理市场和行业信息的独特技术，还是仅仅追随大券商的行业评级而已？

投资者有必要了解券商的公司评级基准，如果券商的公司评级采用行业基准，那么即使分析师勤勉尽责地评级，如伯尼和沃马克（Boni & Womack，2006）所分析，他们也只是行业内的选股专家，他们只具备在行业内为公司排等级的能力，并不擅于选择回报率高的行业。如果仅是公司评级高而其所在的行业状况不佳，公司不一定能跑赢大盘，因此公司评级有必要联合行业评级的信息。如果券商的公司评级宣称采用市场基准，实

① 美林银行（Merrill Lynch）是一个例外，它发布的公司评级数排第 1 位，发布的行业评级数排第 28 位，它采取市场基准。

践中分析师能否遵循此基准呢？市场基准者要达到目标，其任务相对而言更为艰巨，他们既要预测公司回报率，还要预测行业回报率，如果市场基准者达到和超过目标回报率的比率明显比行业基准者要低，表明市场基准者不能很好地遵循市场基准。布拉德肖（Bradshaw，2012）就指出分析师既是行业内的选股专家又是宏观经济专家的可能性不大。

罗和米安（Loh & Mian，2006）发现盈余预测是分析师进行投资评级的信息依据。盈余预测越准确的分析师给出的投资评级越具备盈利能力。而复杂性会影响到分析师的预测准确度（Brown et al.，1987；Haw et al.，1994；Lang & Lundholm，1996；Clement，1999；Mikhail et al.，1997；Duru & Reeb，2002；Plumlee，2003；Kim & Pantzalis，2003；Hirst et al.，2004；Valentine，2011）。不准确的预测甚至会影响分析师的职业生涯（Mikhail et al.，1999）。既然分析师的时间和精力有限，那么其关注的股票和行业也有限，投资者即使有理由相信分析师作为所研究领域专家在行业内选股的能力，但又有什么理由相信分析师跨行业选股的能力？我国的券商一般既发布公司评级也发布行业评级。各家券商基本都在研究报告里披露了评级基准，绝大多数券商的公司评级都是采取市场基准。然而以2015年《新财富》杂志"最佳分析师"排名为例，分别在宏观经济、策略研究、金融工程、固定收益研究、农林牧渔等34个领域或行业评出了"最佳分析师"。可见社会对分析师的认可是以分析师擅长的领域或行业来划分的，而不是不分行业将分析师拉通排名。显然分析师只是自己所擅长的研究领域内的专家。分析师专注于所研究的领域可以提高预测的准确度，而研究范围少而精的代价是对市场和行业整体把握不足，当跟进的行业状况不佳，会产生系统性的风险。如果投资者认识到分析师时间、精力和能力的有限性，即使券商宣称公司评级采取市场基准，投资者也将审慎地看待分析师的公司评级，在进行投资决策时，会在考虑公司评级信息的同时，补充行业评级的信息，进行全盘的综合考量。将公司评级与行业评级的信息联合，有望发挥公司评级和行业评级各自的优点，弥补公司评级本身对行业层面和宏观经济层面把握不足的缺点，弥补行业评级本身对微观公司层面关注不够的缺点，有望产生增量信息。

如果一家公司表现很好，但是所处行业表现不好。或是一家公司表现不好，但其所处行业表现很好。那么公司是否还值得投资？好行业内的好公司一定表现得更好吗？差行业内的差公司一定表现得更差吗？

既然预期月公司评级变化比月公司评级水平的信息含量更高，同时预期月公司评级和月行业评级联合会产生增量信息，那么月公司评级变化联合月行业评级变化后，预期比月公司评级水平联合月行业评级水平的信息含量更高。

基于以上分析，本书提出以下假设：

H3a：相比单独依靠月公司评级或月行业评级，月公司评级和月行业评级的联合具有信息增量。

H3b：相比月公司评级水平和月行业评级水平联合，月公司评级变化和月行业评级变化联合具有信息增量。

3.1.5　由公司评级模拟的行业评级及其与公司评级联合的信息含量

伯尼和沃马克（Boni & Womack，2006）发现由分析师月公司评级净变化模拟的 $t-1$ 月行业评级变化和 t 月行业回报率大都不相关，说明公司评级信息在预测未来行业回报率上并不起作用，分析师并不擅于挑选未来的赢家行业。豪等（Howe et al.，2009）发现过去季度的由公司评级模拟的月一致行业评级变化的均值能预测下一个季度的行业超常回报，说明分析师的公司评级信息里包含着跨行业专门信息，分析师能够挑选未来的赢家行业。卡丹等（Kadan et al.，2012）发现当券商的公司评级基于市场基准时，由公司评级模拟的月一致行业评级变化具有一定的预测未来行业超常回报的能力。当券商的公司评级基于行业基准时，由公司评级模拟的月一致行业评级变化不具有预测未来行业超常回报的能力。卡丹等（Kadan et al.，2012）的发现表明了当券商的公司评级采取市场基准时，其公司评级中包含有市场和行业层面的信息。当券商的公司评级采取行业基准时，虽然此公司评级从理论上讲不包含市场和行业层面的信息，但考虑到公司分析师会在报告中补充来自行业分析师的信息，所以也不排除它有可能拥有一部分市场和行业层面的信息。

通过将公司评级在各个行业合计的方式来模拟行业评级，得出的模拟行业评级和真实的行业评级的信息含量有区别吗？由公司评级模拟行业评级有一个优势是公司评级的数据来自新发布的公司研究报告，可以保证公司评级的信息是最新的而非陈旧的，相比之下，我们往往通过公司研究报告发布时在报告中附有的行业评级获取行业评级信息，而行业评级的最初来源可能是券商发布的定期行业报告，因此行业评级的信息可能是陈旧的。但是，公司评级针对的对象毕竟是公司，公司能在多大程度上代表它所在的行业呢？既然一个行业里面好坏公司良莠不齐，那么好公司和坏公司谁更有资格代表这个行业？既然在 3.1.2 节预期真实的月行业评级都不能带来未来的行业超常回报，难道此处由公司评级模拟的月行业评级反而还会带来未来的行业超常回报吗？

我国大多数券商的公司评级采取市场基准，说明这些券商的公司评级有可能包含市场和行业层面的信息，如果由公司评级模拟的行业评级组合不能带来未来的行业超常回报，说明模拟行业评级的信息含量不显著，但不能就此认定模拟行业评级的信息没有价值。相比单独依靠公司评级或模拟行业评级，公司评级和模拟行业评级联合仍有可能产生更高的投资价值。这听起来有点奇怪，既然公司评级和由公司评级模拟的行业评级来自同一信息源，为什么联合之后还有可能产生更高的投资价值？这是因为，即使联合之后没有增加新的信息来源，但通过挖掘原有公司评级中市场和行业层面的信息，可以将原有的公司信息更有效地加以利用，因此还是可以为投资者带来更大帮助。虽然模拟行业评级的信息来自公司评级，但是毕竟公司评级不负责直接评价行业，只能从公司评级中间接地判断行业，即由公司评级模拟行业评级来为行业排出好坏不同的等级。挖掘出公司评级中市场和行业层面的信息后，再与公司评级中公司层面的信息联合，有望产生对投资者更高的投资价值。如果公司评级与模拟行业评级的信息联合能够给投资者更大的帮助，说明公司评级包含有市场和行业层面的信息。即使相比单独依靠公司评级或模拟行业评级，公司评级和模拟行业评级的联合能够带给投资者更高的投资价值，但预期仍将低于公司评级和真实行业评级联合带给投资者的投资价值，毕竟真实行业评级是专门研究行业的。

3.2　样本选择与数据来源

本书的样本来自中国股市。全样本期为 2004 年 8 月 1 日～2015 年 12 月 31 日。分析师行业评级和公司评级样本期为 2004 年 8 月 1 日～2015 年 11 月 30 日。自 2004 年 8 月起，Wind 数据库中开始出现较多的评级数据，因此起始期定为 2004 年 8 月。以上一年的一致评级水平作为划分下一年的一致评级水平和一致评级变化的标准，因此虽然全样本中的评级始于 2004 年 8 月，在研究一致评级的时候针对的却是 2005 年 1 月～2015 年 11 月的一致评级的市场反应。在研究公司评级净变化和行业评级净变化时，行业评级净变化和公司评级净变化的样本区间是 2004 年 8 月～2015 年 11 月。

分析师评级样本来自 Wind 数据库。公司评级数据来自盈利预测数据库里机构预测大全的"评级（最新）"字段。行业评级数据来自盈利预测数据库里行业投资评级的"最新行业评级"字段。公司评级针对的是沪深 A 股和创业板。大多数券商给出个股相对大盘的涨跌幅度作为公司评级的基准，大盘一般采用沪深 300 指数，也有采用上证指数或深证成指的。部分券商给出个股具体涨跌幅度作为公司评级的基准。券商公布的评级基准不尽一致，同样是"买入"评级，有的定义为个股相对于大盘涨幅在 10% 以上，有的定义为个股相对于大盘涨幅在 15% 以上或 20% 以上。Wind 对公司评级分为 1～5 档，1～5 档（从优到差）依次代表"买入""增持""中性""减持""卖出"。Wind 对行业评级只给出了文字说明，没有数值。鉴于绝大多数券商采用 3 档标准，因此本书把行业评级分为 1～3 档，1～3 档（从优到差）依次代表乐观、中性、悲观的行业评级。

本书采用借鉴国际标准 GICS 行业分类标准的 Wind 行业分类标准。Wind 四级行业体系结构包含 10 个一级行业、24 个二级行业、68 个三级行业、156 个四级行业。样本期内行业评级数据逐日从 Wind 盈利预测数据库里行业投资评级的"最新行业评级"字段提取。该数据库对无论几级的行业评级都给出 8 位数的 WICS 行业代码，如果后 6 位为 0 则是针对一级行业的评级，如 15000000；如果后 4 位为 0 则是针对二级行业的评级，如

15100000；如果后 2 位为 0 则是针对三级行业的评级，如 15101000；如果后 2 位不为 0 则是针对四级行业的评级，如 15101010。

如果采用一级或二级行业分类标准担心分得太粗达不到样本充分的检验能力，如果采用四级行业分类标准又分得太细，本书与伯尼和沃马克（Boni & Womack，2006）、博杰拉杰等（Bhojraj et al.，2003）、卡丹等（Kadan et al.，2012）一样，采用三级行业分类标准。行业评级样本处理标准如下：（1）剔除三级行业指数里欠缺的三级行业 255020、302030、351030、352030、401020，402020、404020、404030、452040、551050；（2）剔除样本期内只有一家公司（代码 600661）的三级行业 253020；（3）剔除样本期内缺乏行业评级的三级行业 201050 和 202020；（4）剔除金融类的三级行业 401010、402010、402030、403010；（5）如果原始行业评级是针对三级或四级行业，则取行业代码的前 6 位，正好是相应的三级行业代码；如果原始行业评级是针对一级、二级行业，那么其下包含了多少三级行业就转换为相应的三级行业评级。

样本期内，有 69 家券商和 3162 位分析师（或团队）发布了 184992 条原始的行业评级，进行剔除和转换处理后有 69 家券商和 3012 位分析师（或团队）针对 52 个三级行业发布了 228197 条行业评级。之所以处理后的行业评级样本数增加是因为原始的针对一级、二级行业评级转换为针对三级行业评级的缘故。例如，原始行业评级的 WICS 行业代码是 15000000，可知是针对材料一级行业的评级，材料一级行业之下有 151010、151020、151030、151040、151050 五个三级行业，则一条针对材料一级行业的评级转换为了五条针对材料三级行业的评级。又如原始行业评级的 WICS 行业代码是 15101010，可知是针对商品化工四级行业的评级，简单地取前 6 位代码，作为针对 151010 化学制品三级行业评级的替代，虽有以偏概全之嫌，但是考虑到以四级行业为主要研究对象带来的样本过度分散和检验能力下降的问题，权衡利弊之下，采用此种方案。

样本期内公司评级数据逐日从 Wind 盈利预测数据库里机构预测大全的"评级（最新）"字段提取。虽然 Wind 机构预测大全里给出了公司投资评级对应的 Wind 行业，但行业为一级行业到四级行业不等，如果是一级、二级行业，则不好推断公司所属的三级行业。本书按 Wind 三级行业指数进出记录来确认公司在各时期所属的三级行业。公司评级样本处理标准如下：（1）鉴于本书研究行业评级和公司评级联合后的信息含量，凡从行业评级样本中剔除的三级行业，行业内包含的公司的公司评级也相应剔除；（2）Wind 行业投资评级里没有光大证券、德意志银行、华林证券、天信投资这四家券商的行业评级，而 Wind 机构预测大全里有这 4 家券商的公司评级，鉴于本书研究行业评级和公司评级联合后的信息含量，故从样本中剔除这 4 家券商的公司评级。样本期内，有 2892 家沪深 A 股和创业板公司，有 73 家券商和 3891 位分析师（或团队）针对 2647 家公司发布了 383691 条原始的公司评级。进行剔除处理后样本期内有 69 家券商的 3660 位分析师针对 2585 家公司发布了 345639 条公司评级。

本书样本期内发布原始行业评级的分析师（团队）有 3891 位，发布原始公司评级的分析师（团队）有 3162 位。这些分析师（团队）中有 3001 位既发布过公司评级又发布过行业评级，有 890 位只发布过公司评级，有 161 位只发布过行业评级。可见大部分分析师发布公司评级又发布行业评级。当然这并不代表发布行业评级的公司分析师一定也研究过行业（或者发布公司评级的行业分析师一定研究过公司），他们可能只是补充了本券商的其他研究小组的结论而已。

公司评级净变化和行业评级净变化数据分别来自 Wind 机构预测大全数据库和 Wind 行业投资评级数据库的调整方向字段。此字段的内容包括新增、维持、调高、调低几种。在研究评级净变化的时候只关注调整方向为调高和调低的。公司（行业）评级的调高、调低是同一分析师对同一公司（行业）的公司（行业）评级的调整。

本书的市场回报率采用 CSMAR 数据库的考虑现金红利再投资的沪深综合月市场回报率（按流通市值加权平均），市场类型为综合 A 股和创业板。无风险利率文件采用 CSMAR 月度化无风险利率，它以人民币一年期整存整取利率为基准，根据复利计算方法将年度利率转为月度数据。个股回报率采用 CSMAR 月个股回报率文件中考虑现金红利再投资的月个股回报率。在衡量评级组合的超常回报的时候，对股票样本处理标准如下：（1）剔除 B 股股票；（2）剔除金融类股票；（3）剔除股票上市首月的数据；（4）剔除由于停牌等造成月个股回报率文件数据缺失的股票。个股市值来自 CSMAR 月个股回报率文件中月个股流通市值，行业市值按行业内个股流通市值计算。月度三因子参照法玛和弗伦奇（Fama & French，1993）的计算方法自行计算而得，分别是按流通市值加权的市场溢酬因子、按流通市值加权的市值因子、按流通市值加权的账面市值比因子。月度惯性因子参照卡哈特（Carhart，1997）的计算方法自行计算而得，按过去 11 个月回报率最高30%的公司和最低 30%的公司的等权平均的回报率之差计算，和卡哈特（Carhart，1997）的区别在于排序期和持有期之间不设间隔期。在计算三因子和四因子的时候对样本处理标准如下：（1）剔除了 B 股股票；（2）剔除金融类股票；（3）剔除 ST、PT① 类公司；（4）剔除股票上市首月的数据；（5）剔除市净率为负的股票；（6）剔除财务数据缺失的股票。

3.3　评级组合的分组方法

3.3.1　经验的分组方法

巴伯等（Barber et al.，2001）采用 Zacks 数据库的分析师公司评级数据，Zacks 数据库对"强烈买入""买入""持有""卖出""强烈卖出"分别给予 1 ~ 5 分的评级，他们把一致公司评级水平分为五个组，从"最优一致公司评级水平"组到"最差一致公司评级水平"组依次为 $1 \leqslant A \leqslant 1.5$、$1.5 < A \leqslant 2$、$2 < A \leqslant 2.5$、$2.5 < A \leqslant 3$、$A > 3$。他们之所以选择五个组合是为了在保持充分的检验能力的基础上达到样本的高度分离。从优到差的前四个评级组别每个组的跨度在 0.5，而最差组的评级跨度为 2，是因为差评级相对不足。他们发现当每年的组合按前一年的一致评级分布的20%、40%、60%、80%分位数划分时，主要结论基本保持不变。

杰加迪西等（Jegadeesh et al.，2004）将一致公司评级水平排序后等分

---

①　特别处理（special treatment，ST）：沪深交易所对上市公司连续两年亏损等情况，进行退市风险警示，称为 ST 股票；特别转让（particular transfer，PT）：沪深交易所对上市公司连续三年亏损等情况，其股票将暂停上市，对这类股票实施特别转让服务，称为 PT 股票。

为五组，位于头尾的两组分别为"最优一致公司评级水平"组和"最差一致公司评级水平"组。一致公司评级水平组可以五等分，而一致公司评级变化是不连续的，将一致公司评级变化分为五个组，每组的规模未必相同，位于头尾的两组分别为"调高到强烈买入"组和"调低到强烈卖出"组。

伯尼和沃马克（Boni & Womack，2006）采用 IBES 数据库提供的从 1~5 级的月一致公司评级水平，1 代表强烈买入，5 代表卖出。第一级为"最优月一致公司评级水平"组，第五级为"最差月一致公司评级水平"组。同一公司在当月调高公司评级数大于调低公司评级数，则进入"月公司评级净调高"组；同一公司在当月调低公司评级数大于调高公司评级数，则进入"月公司评级净调低"组。

巴伯等（Barber et al.，2006）按"买入"公司评级占总公司评级的比率为券商排序，从最不利组到最有利组分为五组，每一组的总公司评级数相等。

卡丹等（Kadan et al.，2012）对乐观、中性、悲观的行业评级分别赋予 1~3 分的分值，月一致行业评级取月内行业评级的均值，从最优一致行业评级水平组到最差一致行业评级水平组依次为 $1 \leqslant A \leqslant 1.5$、$1.5 < A < 2.5$、$2.5 \leqslant A \leqslant 3$。从非最优一致行业评级水平进入最优一致行业评级水平的行业构成一致行业评级调高到优组合；从非中间一致行业评级水平进入中间一致行业评级水平的行业构成一致行业评级调整到中组合，包含从优调低到中和从差调高到中；从非最差一致行业评级水平进入最差一致行业评级水平的行业构成一致行业评级调低到差组合。假定月一致行业评级均匀分布，没有严重的乐观或者悲观偏差，则以上一致行业评级水平的分值 1.5 正好对应于一致行业评级分布的 25% 分位数，一致行业评级水平的分值 2.5 正好对应于一致行业评级分布的 75% 分位数。

王宇熹、肖峻和陈伟忠（2012）对"买入""增持""中性""减持""卖出"赋予 1~5 分的分值，把一致公司评级分成五组，分组的依据是让组合临界值能够有效区分评级样本，从最优一致公司评级水平组到最差一致公司评级水平组依次为 $A = 1$、$1 < A < 2$、$A = 2$、$2 < A \leqslant 3$、$A > 3$。和巴伯等（Barber et al.，2001）一样，考虑到"减持"和"卖出"评级占比极低，最差一致公司评级水平大于 3。

3.3.2　分组方法

对投资组合的分组依据是在保持充分的检验能力的基础上达到样本的高度分离。对本书样本期内月一致行业评级水平排序后发现，大于 2 的只占 0.19%；对本书样本期内月一致公司评级水平排序后发现，大于 3 的只占 1.29%[①]。可见真正意义上的差评占比极少，乐观偏差较为严重，因此按 1.5、2、2.5、3 等固定分值作为阈值进行分组不仅具有随意性，而且完全无法有效区分评级样本。

差评占比极少和我国证券市场长期实行严格的卖空限制有一定关系。我国股市的卖空限制使得投资者即使看空股市，也不能通过融券卖空股票再低价买入以获利，只能采取单边做多的交易行为。卖空限制的存在使得券商难以从投资者的卖空中得到交易手续费，分析师缺乏激励卖空的动机（Brav & Lehavy，2003）；分析师没有动力去搜集负面信息（汪弘等，2013）；分析师较多给出"强烈买入""买入""持有"投资评级，较少给出"卖出"和"强烈卖出"投资评级（McNichols & O'Brien，1997）。我国股市从 2010 年起逐步放开股票的卖空限制，融券标的股票数从 2001 年的 90 只上升到 2015 年的近 900 只。2011 ~ 2015 年悲观公司评级占比依次为 0.05%、0.08%、0.13%、0.25%、0.30%，呈现单调增加的趋势，但绝对比率依然很小；2011 ~ 2015 年悲观行业评级占比依次为 1.47%、0.87%、0.51%、0.27%、0.05%，呈现单调减少的趋势。上述数据说明悲观评级的占比并没有随放开股票的卖空限制而明显提升。事实上全面放开卖空限制的国家的股市悲观评级占比一样很少。大多数投资者往往在寻找做多的机会而非做空的机会，卖空者毕竟是少数，分析师发布"买入"评级比起发布"卖出"评级更能为分析师所属券商带来新的客户和经纪业务。而分析师发布"卖出"评级会直接损害和管理层之间的关系。既然说好话有利于券商和分析师的自身利益，说坏话危及彼此关系，当然分析师愿意发布乐观评级。

---

① 单个行业评级大于 2 为悲观，单个公司评级大于 3 为悲观。

既然悲观的公司和行业评级占比如此少，即使设定大于 2 或大于 3 的阈值，也难以有效区分评级样本。在公司评级和行业评级的分组上应该既实现样本的有效分离又充分保持样本的检验能力。杰加迪西等（Jegadeesh et al.，2004）将一致评级水平排序后等分为五组划分优劣组别。从本书样本期内各年的行业评级和公司评级的描述性统计看，每年的行业评级和公司评级水平有所不同，如果在整个样本期适用一个统一的分组标准，就无法有效实现样本的高度分离。因此本书按照前一年的一致评级分布的分位数水平划分后一年的一致评级组别。每一年在公司评级和行业评级层面，均按前一年的月一致评级分布的 20%、40%、60%、80% 分位数将月一致评级水平分为从优到差的五组，位于头尾的组分别为最优一致评级水平组和最差一致评级水平组。鉴于评级存在严重的乐观偏差，即使划入最差一致评级水平组的，也可能只代表相对的悲观而并非代表绝对的悲观。例如，"增持"评级相对于"买入"评级偏悲观、"持有"评级相对于"买入"评级和"增持"评级偏悲观，显然"增持"评级和"持有"评级并不是真正意义上的悲观评级。

杰加迪西等（Jegadeesh et al.，2004）所指的一致公司评级水平是过去四个季度的公司评级均值，一致公司评级变化是从 $t-1$ 季度末的一致公司评级水平到 t 季度末的一致公司评级水平的变化。豪等（Howe et al.，2009）所指的一致公司评级水平是过去 12 个月的公司评级均值，一致公司评级变化是 $t-1$ 月的一致公司评级水平到 t 月的一致公司评级水平的变化。由公司评级模拟的一致行业评级水平是过去 12 个月的按行业合计的公司评级均值，由公司评级模拟的一致行业评级变化是 $t-1$ 月的模拟一致行业评级水平到 t 月的模拟一致行业评级水平的变化。伯尼和沃马克（Boni & Womack，2006）所指一致公司评级水平分为 1~5 分五档，1 是强烈买入，5 是卖出。公司评级变化是 $t-1$ 月发生的公司评级净变化。由公司评级模拟的行业评级变化是行业内每个公司收到的公司评级净变化的合计。卡丹等（Kadan et al.，2012）所指的行业评级变化是 $t-1$ 月发生的月一致行业评级的变化，他们所指的公司评级变化是 $t-1$ 月发生的公司评级净变化。

如果分析师频繁变化评级会使投资者质疑评级的可信度，因此分析师未必每个月都变化评级，评级变化的理由可能是出现了足以影响股票价格的实质性的新信息。月一致评级变化是指多位分析师针对同一公司（行业）的月评级均值的变化。既然分析师评级变化并不频繁，构成月一致评级变化的前后两次月一致评级的分析师可能不同，也许仅表明了不同分析师的意见分歧，并不必然表明有新的信息出现，这是月一致评级变化的信息含量令人质疑的地方。月评级净变化是指多位分析师针对同一公司（行业）的月评级变化的合计。月评级净变化中所包含的每一个评级变化都是同一分析师对同一公司（行业）的评级发生变化，极有可能是由于有新的信息出现导致分析师的观点发生变化。本书在分析师月评级变化层面，同时考察了月一致评级变化和月评级净变化，比较了采用月一致评级变化和月评级净变化带来的市场反应的不同。

在我国股市的现状下，如果按照分析师的最优（调高）评级组合能够稳定地跑赢大盘，做多最优（调高）评级组合对投资者而言才是最具有可操作性的现实的投资获利机会。我国股市长期以来实行卖空限制，使得不能卖空，只能做多。从 2010 年 3 月 31 日实行融资融券试点以来，我国陆续放开了部分股票的卖空限制，但截至 2015 年 12 月 1 日融券标的股票数量仍只有 891 只，不及沪深 A 股和创业板股票数的 1/3。因此对于分析师最差评级组，即使其经过风险调整后的超额回报率显著为负，也未必存在通过融券进行卖空的机会，对于零成本套利组合也是同样的道理。但是对于最差（调低）评级组合的研究绝非只有理论意义而不具现实意义。事实上，如果按照分析师的最差（调低）评级组合能够跑输大盘，投资者可以做空符合融券标的股票获利，也可以抛出先前持有的投资组合中符合最差（调低）评级组合标准的股票，达到减少投资损失的目的。

3.4   构建公司评级组合

3.4.1   月一致公司评级水平组合

$$\overline{A}_{it-1} = \frac{1}{n_{it-1}} \sum_{j=1}^{n_{it-1}} A_{ijt-1} \qquad (3-1)$$

$\overline{A}_{it-1}$ 是指公司 i 在 t−1 月的月一致公司评级水平，取在 t−1 月的从 j=1 到 n_{it-1} 位分析师针对公司 i 发布的公司评级的算术平均值。构成月一致公司评级水平要求在同一个月内针对同一家公司发布公司评级的分析师至少有两位，才称得上是一致评级。多位分析师的要求有利于降低分析师个体的公司评级误差的影响。

在 t−1 月的月末构建月一致公司评级水平组合。对样本期内每一年的月一致公司评级水平从高到低排序，前一年的月一致公司评级分布的 20%、40%、60%、80% 分位数成为后一年的月一致公司评级水平分组的标准。t−1 月月末的月一致公司评级水平界于前一年月一致公司评级分布的 0~20% 分位数的进入月一致公司评级水平 P1 组（优）；界于 20%~40% 分位数的进入 P2 组；界于 40%~60% 分位数的进入 P3 组；界于 60%~80% 分位数的进入 P4 组，界于 80%~100% 分位数的进入 P5 组（差）。在 t−1 月的月末买入 P1 组（优）同时卖空 P5 组（差）构建零成本套利组合。

3.4.2　月一致公司评级变化组合

月一致公司评级的变化是指由 t−1 月之前月的月一致公司评级水平到 t−1 月的月一致公司评级水平的变化。例如，t−1 月之前月的月一致公司评级水平是 2.357，t−1 月的月一致公司评级水平是 1.923，则 t−1 月发生了月一致公司评级的"调高"变化。既然是月一致公司评级水平的变化，那么构成月一致公司评级变化也必然要求在同一个月内针对同一家公司发布公司评级的分析师至少有两位。

在 t−1 月的月末构建月一致公司评级变化组合。对样本期内每一年的月一致公司评级水平从高到低排序，前一年的月一致公司评级分布的 20%、80% 分位数成为后一年的月一致公司评级变化分组的标准。t−1 月月末的月一致公司评级从界于前一年月一致公司评级分布的 20%~100% 分位数变化到界于 0~20% 分位数则进入月一致公司评级"调高到优"组；从 80%~100% 分位数变化到 20%~80% 分位数则进入"调高到中"组；从 0~20% 分位数变化到 20%~80% 分位数则进入"调低到中"组；从

0～80%分位数变化到80%～100%分位数则进入"调低到差"组。在t－1月的月末买入月一致公司评级"调高到优"组同时卖空月一致公司评级"调低到差"组构建零成本套利组合。

3.4.3　月公司评级净变化组合

前述月一致公司评级变化是指多位分析师针对同一公司的月公司评级均值的变化,是从t－1月之前月多位分析师的月公司评级均值到t－1月多位分析师的月公司评级均值的变化。3.4.3节月公司评级净变化是指t－1月多位分析师针对同一公司的月公司评级变化的合计。例如,t－1月公司i收到三个"调高"评级变化,两个"调低"评级变化,因为调高评级数大于调低评级数,合计之后公司i在t－1月发生了"净调高"评级变化。月公司评级净变化中所包含的每一个"调高"评级变化或"调低"评级变化都是同一分析师对同一公司所为,再将这些变化合计得到净变化。构成月公司评级净变化要求在同一个月内同一公司至少有两位分析师的公司评级发生变化,此要求有助于降低分析师个体的公司评级误差的影响。

在t－1月的月末构建月公司评级净变化组合。同一公司在t－1月调高公司评级数大于调低公司评级数,则进入月公司评级"净调高"组;同一公司在t－1月调低公司评级数大于调高公司评级数,则进入月公司评级"净调低"组。在t－1月的月末买入月公司评级"净调高"组同时卖空月公司评级"净调低"组构建零成本套利组合。

3.5　构建行业评级组合

3.5.1　月一致行业评级水平组合

$$\bar{G}_{it-1} = \frac{1}{n_{it-1}} \sum_{j=1}^{n_{it-1}} G_{ijt-1} \tag{3-2}$$

$\bar{G}_{it-1}$是指行业 i 在 t-1 月的月一致行业评级水平，取在 t-1 月的从 j=1 到 n_{it-1} 位分析师针对行业 i 发布的行业评级的算术平均值。构成月一致行业评级水平要求在同一个月内针对同一行业发布行业评级的分析师至少有两位，才称得上是一致评级。多位分析师的要求有利于降低分析师个体的行业评级误差的影响。

在 t-1 月的月末构建月一致行业评级水平组合。对样本期内每一年的月一致行业评级水平从高到低排序，前一年的月一致行业评级分布的 20%、40%、60%、80%分位数成为后一年的月一致行业评级水平分组的标准。t-1 月月末的月一致行业评级水平界于前一年月一致行业评级分布的 0~20%分位数的进入月一致行业评级水平 P1 组（优）；界于 20%~40%分位数的进入 P2 组；界于 40%~60%分位数的进入 P3 组；界于 60%~80%分位数的进入 P4 组，界于 80%~100%分位数的进入 P5 组（差）。在 t-1 月的月末买入 P1 组（优）同时卖空 P5 组（差）构建零成本套利组合。

3.5.2 月一致行业评级变化组合

月一致行业评级的变化是指由 t-1 月之前月的月一致行业评级水平到 t-1 月的月一致行业评级水平的变化。既然是月一致行业评级水平的变化，那么构成月一致行业评级变化也必然要求在同一个月内针对同一个行业发布行业评级的分析师至少有两位。

在 t-1 月的月末构建月一致行业评级变化组合。对样本期内每一年的月一致行业评级水平从高到低排序，前一年的月一致行业评级分布的 20%、80%分位数成为后一年的月一致行业评级变化分组的标准。t-1 月月末的月一致行业评级从界于前一年月一致行业评级分布的 20%~100%分位数变化到界于 0~20%分位数则进入月一致行业评级"调高到优"组；从 80%~100%分位数变化到 20%~80%分位数则进入"调高到中"组；从 0~20%分位数变化到 20%~80%分位数则进入"调低到中"组；从 0~80%分位数变化到 80%~100%分位数则进入"调低到差"组。在 t-1 月的月末买入月一致行业评级"调高到优"组同时卖空月一致行业评级

"调低到差"组构建零成本套利组合。

3.5.3　月行业评级净变化组合

前述月一致行业评级变化是指多位分析师针对同一行业的月行业评级均值的变化，是从 t－1 月之前月多位分析师的月行业评级均值到 t－1 月多位分析师的月行业评级均值的变化。3.5.3 节月行业评级净变化是指 t－1 月多位分析师针对同一行业的月行业评级变化的合计。例如，t－1 月行业 i 收到两个"调高"行业评级变化，三个"调低"行业评级变化，因为调高行业评级数小于调低行业评级数，合计之后行业 i 在 t－1 月发生了"净调低"行业评级变化。月行业评级净变化中所包含的每一个"调高"行业评级变化或"调低"行业评级变化都是同一分析师对同一行业所为，再将这些变化合计得到净变化。构成月行业评级净变化要求在同一个月内同一行业至少有两位分析师的行业评级发生变化，此要求有助于降低分析师个体的行业评级误差的影响。

在 t－1 月的月末构建月行业评级净变化组合。同一行业在 t－1 月调高行业评级数大于调低行业评级数，则进入月行业评级"净调高"组；同一行业在 t－1 月调低行业评级数大于调高行业评级数，则进入月行业评级"净调低"组。在 t－1 月的月末买入月行业评级"净调高"组同时卖空月行业评级"净调低"组构建零成本套利组合。

3.6　构建公司评级和行业评级联合组合

3.6.1　月一致公司评级水平和月一致行业评级水平联合组合

构成月一致公司评级水平要求在同一个月内针对同一家公司发布公司评级的分析师至少有两位；构成月一致行业评级水平要求在同一月内针对同一行业发布行业评级的分析师也至少要有两位。在 t－1 月的月末构建月一致公司评级水平和月一致行业评级水平联合组合。t－1 月月末的月一致公司评级水平界于前一年月一致公司评级分布的 0～20% 分位数, 同时公司所在行业的月一致行业评级水平界于前一年月一致行业评级分布的 0～20% 分位数, 则进入月一致公司评级水平和月一致行业评级水平均为"优"组; 公司评级界于前一年月一致公司评级分布的 0～20% 分位数, 行业评级界于前一年月一致行业评级分布的 80%～100% 分位数, 则进入月一致公司评级水平为"优"组和月一致行业评级水平为"差"组; 公司评级界于前一年月一致公司评级分布的 80%～100% 分位数, 行业评级界于前一年月一致行业评级分布的 0～20% 分位数, 则进入月一致公司评级水平为"差"组和月一致行业评级水平为"优"组; 公司评级界于前一年月一致公司评级分布的 80%～100% 分位数, 行业评级界于前一年月一致行业评级分布的 80%～100% 分位数, 则进入月一致公司评级水平和月一致行业评级水平均为"差"组。在 t−1 月的月末买入月一致公司评级水平和月一致行业评级水平均为"优"组, 同时卖空月一致公司评级水平和月一致行业评级水平均为"差"组构建零成本套利组合。

3.6.2　月一致公司评级变化和月一致行业评级变化联合组合

构成月一致公司评级变化要求在同一个月内针对同一家公司发布公司评级的分析师至少有两位; 构成月一致行业评级变化要求在同一个月内针对同一行业发布行业评级的分析师也至少要有两位。在 t−1 月的月末构建月一致公司评级变化和月一致行业评级变化联合组合。t−1 月月末的月一致公司评级从界于前一年月一致公司评级分布的 20%～100% 分位数变化到界于 0～20% 分位数, 月一致行业评级从界于前一年月一致行业评级分布的 20%～100% 分位数变化到界于 0～20% 分位数, 则进入月一致公司评级和月一致行业评级均"调高到优"组; 公司评级从界于前一年月一致公司评级分布的 20%～100% 分位数变化到界于 0～20% 分位数, 行业评级从界于前一年月一致行业评级分布的 0～80% 分位数变化到界于 80%～100% 分位数, 则进入月一致公司评级"调高到优"和月一致行业评级"调低到差"组; 公司评级从界于前一年月一致公司评级分布的 0～80% 分位数变化到界于 80%～100% 分位数, 行业评级从界于前一年月一致行业评级分布的20% ~100%分位数变化到界于0 ~20%分位数，则进入月一致公司评级"调低到差"组和月一致行业评级"调高到优"组；公司评级从界于前一年月一致公司评级分布的0 ~80%分位数变化到界于80% ~100%分位数，行业评级从界于前一年月一致行业评级分布的0 ~80%分位数变化到界于80% ~100%分位数，则进入月一致公司评级和月一致行业评级均"调低到差"组。在 t – 1 月的月末买入月一致公司评级和月一致行业评级均"调高到优"组，同时卖空月一致公司评级和月一致行业评级均"调低到差"组构建零成本套利组合。

3.6.3 月公司评级净变化和月行业评级净变化联合组合

构成月公司评级净变化要求在同一个月内同一公司至少有两位分析师的公司评级发生变化。构成月行业评级净变化要求在同一个月内同一行业至少有两位分析师的行业评级发生变化。在 t – 1 月的月末构建月公司评级净变化和月行业评级净变化联合组合。公司在 t – 1 月调高公司评级数大于调低公司评级数，与之同时公司所在行业在 t – 1 月调高行业评级数大于调低行业评级数，则进入月公司评级和月行业评级均"净调高"组；公司在 t – 1 月调高公司评级数大于调低公司评级数，与之同时公司所在行业在 t – 1 月调低行业评级数大于调高行业评级数，则进入月公司评级"净调高"组和月行业评级"净调低"组；公司在 t – 1 月调低公司评级数大于调高公司评级数，与之同时公司所在行业在 t – 1 月调高行业评级数大于调低行业评级数，则进入月公司评级"净调低"组和月行业评级"净调高"组；公司在 t – 1 月调低公司评级数大于调高公司评级数，与之同时公司所在行业在 t – 1 月调低行业评级数大于调高行业评级数，则进入月公司评级和月行业评级均"净调低"组。在 t – 1 月的月末买入月公司评级和月行业评级均"净调高"组，同时卖空月公司评级和月行业评级均"净调低"组构建零成本套利组合。

3.7　构建由公司评级模拟的行业评级组合

3.7.1　由公司评级模拟的月一致行业评级水平组合

构成由公司评级模拟的月一致行业评级水平要求在同一个月内同一行业被评级的公司至少有两家，因为仅一家公司不足以代表一个行业。在 t－1 月的月末构建由公司评级模拟的月一致行业评级水平组合。在 t－1 月首先针对每一个获得评级的公司计算出其所获公司评级的算术平均值，再对同一行业内的各个公司取算术平均值，得出由公司评级模拟的月一致行业评级。由公司评级模拟行业评级的目的是看公司评级是否具有行业层面的信息，以及能否区分行业的好坏。为了防止针对一家公司的公司评级在形成模拟行业评级时影响过大，一家公司在 t－1 月就算收到再多的公司评级，取均值后用于模拟行业评级时也只占一票。

对样本期内每一年的模拟月一致行业评级水平从高到低排序，前一年的模拟月一致行业评级分布的 20%、40%、60%、80% 分位数成为后一年的模拟月一致行业评级水平分组的标准。在 t－1 月的月末构建模拟月一致行业评级水平从优到差的 P1、P2、P3、P4、P5 组合及套利组合。组合构建方法与 3.5.1 节构建月一致行业评级水平组合一样。

3.7.2　由公司评级模拟的月一致行业评级变化组合

构成由公司评级模拟的月一致行业评级变化要求在同一个月内同一行业被评级的公司至少有两家。在 t－1 月的月末构建由公司评级模拟的月一致行业评级变化组合。计算由公司评级模拟的月一致行业评级的方法同 3.7.1 节。对样本期内每一年的模拟月一致行业评级水平从高到低排序，前一年的模拟月一致行业评级分布的 20%、80% 分位数成为后一年的模拟月一致行业评级变化分组的标准。在 t－1 月的月末构建模拟月一致行业评级"调高到优"组、"调高到中"组、"调低到中"组、"调低到差"组以及套利组合。组合构建方法与 3.5.2 节构建月一致行业评级变化组合一样。

3.7.3 由公司评级模拟的月行业评级净变化组合

构成由公司评级模拟的月行业评级净变化要求在同一个月内同一行业被评级的公司至少有两家。在 t-1 月的月末构建由公司评级模拟的月行业评级净变化组合。在 t-1 月首先针对每一个获得评级的公司计算出其所获调高公司评级数和调低公司评级数之差，为正则该公司归为"调高评级"公司，为负则该公司归为"调低评级"公司。再用同一行业内的"调高评级"公司数减去"调低评级"公司数，为正则进入模拟月行业评级"净调高"组，为负则进入模拟月行业评级"净调低"组。在 t-1 月的月末买入模拟月行业评级"净调高"组，同时卖空模拟月行业评级"净调低"组构建零成本套利组合。

3.8 构建公司评级和由公司评级模拟的行业评级的联合组合

3.8.1 月一致公司评级水平和模拟月一致行业评级水平联合组合

构成月一致公司评级水平要求在同一个月内针对同一家公司发布公司评级的分析师至少有两位；构成由公司评级模拟的月一致行业评级水平要求在同一个月内同一行业被评级的公司至少有两家。在 t-1 月的月末构建月一致公司评级水平和由公司评级模拟的月一致行业评级水平联合组合，分别是月一致公司评级水平和模拟月一致行业评级水平均为"优"组、月一致公司评级水平为"优"组和模拟月一致行业评级水平为"差"组、月一致公司评级水平为"差"组和模拟月一致行业评级水平为"优"组、月一致公司评级水平和模拟月一致行业评级水平均为"差"组以及套利组合。组合构建方法与 3.6.1 节构建月一致公司评级水平和月一致行业评级水平联合组合一样。

3.8.2　月一致公司评级变化和模拟月一致行业评级变化联合组合

构成月一致公司评级变化要求在同一个月内针对同一家公司发布公司评级的分析师至少有两位；构成由公司评级模拟的月一致行业评级变化要求在同一个月内同一行业被评级的公司至少有两家。在 t－1 月的月末构建月一致公司评级变化和由公司评级模拟的月一致行业评级变化联合组合，分别是月一致公司评级和模拟月一致行业评级均"调高到优"组、月一致公司评级"调高到优"组和模拟月一致行业评级"调低到差"组、月一致公司评级"调低到差"组和模拟月一致行业评级"调高到优"组、月一致公司评级和模拟月一致行业评级均"调低到差"组以及套利组合。组合构建方法与 3.6.2 节构建月一致公司评级变化和月一致行业评级变化联合组合一样。

3.8.3　月公司评级净变化和模拟月行业评级净变化联合组合

构成月公司评级净变化要求在同一个月内同一公司至少有两位分析师的公司评级发生变化；构成由公司评级模拟的月行业评级净变化要求在同一个月内同一行业被评级的公司至少有两家。在 t－1 月的月末构建月公司评级净变化和由公司评级模拟的月行业评级净变化联合组合，分别是月公司评级和模拟月行业评级均"净调高"组、月公司评级"净调高"组和模拟月行业评级"净调低"组、月公司评级"净调低"组和模拟月行业评级"净调高"组、月公司评级和模拟月行业评级均"净调低"组以及套利组合。组合构建方法与 3.6.3 节构建月公司评级净变化和月行业评级净变化联合组合一样。

3.9　评级组合的业绩评估

巴伯等（Barber et al.，2001）指出他们的组合回报率采用市值加权而非等权重的理由是：采用等权重方式会使组合的回报率高估；大公司的回报率在组合中赋予更高权重才能更好地捕获结论的经济意义。卡丹等（Kadan et al.，2012）在组合中对股票采用等权重。其实到底采用市值加权配置资产还是等权重配置资产依据投资风格而定，并无一定之规。前者凸显大公司股票的重要性，后者体现每只股票的平均作用。本书组合的回报率计算主要采用等权重方式，在稳健性检验中也给出采用价值加权方式计算的组合回报率。

具体而言，在 t-1 月月末构建各种组合后，对月一致公司评级水平组合、月一致公司评级变化组合、月公司评级净变化组合、月一致公司评级水平和（模拟）月一致行业评级水平联合组合、月一致公司评级变化和（模拟）月一致行业评级变化联合组合、月公司评级净变化和（模拟）月行业评级净变化联合组合，由组合内各公司 t 月回报率等权平均得出组合在 t 月的月回报率。

对月一致行业评级水平组合、月一致行业评级变化组合、月行业评级净变化组合、由公司评级模拟的月一致行业评级水平组合、由公司评级模拟的月一致行业评级变化组合、由公司评级模拟的月行业评级净变化组合，行业在 t 月的回报率由行业内个股在 t 月的回报率按个股在 t-1 月的月末流通市值加权平均计算而得，行业评级组合在 t 月的月回报率由组合内的各行业在 t 月的回报率取等权平均计算而得。

得出组合在 t 月的月回报率后，用 CAPM 模型、Fama-French 三因素模型和 Carhart 四因素模型计算 t 月的组合经风险调整后的月超常回报。

3.9.1　CAPM 模型

$$R_{pt} - R_{ft} = \alpha_p + \beta_p (R_{mt} - R_{ft}) + \varepsilon_{pt} \qquad (3-3)$$

马科维茨（Markowitz，1952）的均值—方差有效性边界，是现代投资组合理论建立的标志，夏普（Sharpe，1964）、林特纳（Lintner，1965）等在马科维茨工作的基础上发展出的经典的 CAPM 模型，是金融界最重要的理论基石之一。CAPM 模型指出市场风险因素可以解释股票的预期回报。式（3-3）为 CAPM 模型，R_{pt} 为组合在 t 月的回报率，R_{ft} 为 t 月的无风险利率，采用 CSMAR 无风险利率文件中的月度数据，它以人民币一年期整存整取利率为基准，根据复利计算方法将年度利率转为月度数据计算而得。R_{mt} 为 t 月的市场回报率，采用 CSMAR 数据库的考虑现金红利再投资的沪深综合月市场回报率（按流通市值加权平均）。$R_{pt} - R_{ft}$ 是组合相对于无风险资产的超额回报率，$R_{mt} - R_{ft}$ 是市场回报率相对于无风险资产的超额回报率。市场类型为综合 A 股和创业板。ε_{pt} 为回归的残差项。截距项 α_p 为投资组合经风险调整后的超常回报。当截距项 α_p 显著为正，表明组合经过 CAPM 模型进行风险调整后仍有显著为正的月超常回报。

3.9.2 Fama – French 三因素模型

$$R_{pt} - R_{ft} = \alpha_p + \beta_p (R_{mt} - R_{ft}) + s_p SMB_t + h_p HML_t + \varepsilon_{pt} \qquad (3-4)$$

法玛和弗伦奇（Fama & French，1992，1993）指出 CAPM 模型没有完全囊括股票所承担的风险因素，他们在 CAPM 模型的市场风险因素之外又加上市场规模因素和账面市值比因素。CAPM 模型建立在坚实的经济学理论推导之上，而三因素模型缺乏经济学理论的支撑，是基于实证经验之上，但三因素模型可以很好地解释股票的预期回报，因而被普遍接受。式（3-4）为法玛和弗伦奇（Fama & French，1993）的三因素模型。SMB_t 为剔除账面市值比因素后小规模股票组和大规模股票组 t 月的回报率之差，按 t 年 6 月底的流通市值来度量 t 年度公司规模的大小，按流通市值的中位数划分大规模股票和小规模股票。HML_t 为剔除规模因素后高账面市值比股票组和低账面市值比股票组 t 月的回报率之差，按 t−1 年度 12 月月末的账面市值比来度量 t 年度账面市值比的高低，把账面市值比分为 30% 以下、30%～70%、70% 以上三组。其余变量的定义同上。截距项 α_p 为投资组合经风险调整后的超常回报。若截距项 α_p 显著为正，说明投资组合经过 Fama – French 三因素进行风险调整后仍有显著为正的超常回报。

3.9.3 Carhart 四因素模型

$$R_{pt} - R_{ft} = \alpha_p + \beta_p (R_{mt} - R_{ft}) + s_p SMB_t + h_p HML_t + p_p UMD_t + \varepsilon_{pt}$$

$$(3-5)$$

德·邦特和泰勒（De Bondt & Thaler，1985）首先发现股票回报率在长期存在反转效应。杰加迪西和蒂特曼（Jegadeesh & Titman，1993）发现股票回报率在中短期存在动量效应。宋敏和冯科（2015）指出大部分观点认为中国股市在短期存在动量效应，在长期存在反转效应。卡哈特（Carhart，1997）在 Fama - French 三因素模型基础上引入了动量因素形成四因素模型。式（3 - 5）参照卡哈特四因素模型。卡哈特用滞后一月的过去 11个月回报率排前 30% 和后 30% 的股票组合的下一个月回报率之差来构建动量因素，即从过去的第 12 个月到过去第 2 个月为形成期，在形成期和持有期之间有一个月间隔期。杰加迪西和蒂特曼（Jegadeesh & Titman，1993）、卡哈特（Carhart，1997）设置间隔期是为了过滤非同步交易和买卖价差对价格的影响。潘莉和徐建国（2011）认为我国股市的流动性高、买卖价差小的特点使得非同步交易和买卖价差对价格的影响很小，所以不用加入间隔期。本书借鉴卡哈特（Carhart，1997）的方式构建动量因素 UMD_t，但在形成期和持有期之间没有设置 1 个月间隔期。截距项 α_p 为投资组合经风险调整后的超常回报。若截距项 α_p 显著为正，说明组合经过 Carhart 四因素模型风险调整后仍有显著为正的超常回报。

3.10 本章小结

本章分析了公司评级的信息含量、行业评级的信息含量、公司评级和行业评级联合的信息含量、由公司评级模拟的行业评级的信息含量、公司评级和模拟行业评级联合的信息含量，并提出研究假设。评级变化的理由可能是出现了足以影响股票价格的实质性的新信息，预期评级变化比评级水平更有信息含量。采用月一致评级可以综合不同分析师拥有的不同信息，抵消分析师个体的评级误差，而且可以避免事件研究法对事件发生的确切时间过于依赖的问题。公司评级可能包含来自管理层的私有信息，预期月公司评级拥有信息含量。行业信息可广为获取，分析师不具备信息优势，预期月行业评级的信息含量不显著。公司评级和行业评级的研究路径，分别是自下而上和自上而下，信息含量有可能不同，将二者的信息联合有可能产生增量的信息。券商公布的公司评级基准如果采用市场基准意味着公司评级有可能包含市场和行业层面的信息，暗示着投资者仅仅依靠公司评级就可能获得最高投资回报。采用行业基准意味着公司评级有可能只含有公司层面的信息，必须联合行业评级的信息，才有望获得增量信息。因此投资者有必要了解券商的公司评级基准。考虑到分析师的时间、精力和能力有限，即使券商的公司评级采取市场基准，也未必有意愿遵循和有能力实现，将公司评级和行业评级的信息联合起来还是有必要的。如果公司评级采取市场基准，还意味着由公司评级模拟的行业评级可能具有市场和行业层面的信息，那么公司评级和模拟行业评级联合也有可能产生更高的投资价值，此时有必要比较其与公司评级和真实行业评级联合的信息含量的高低。

本章构建了月一致公司（行业）评级水平组合、月一致公司（行业）评级变化组合和月公司（行业）评级净变化组合来检验公司（行业）评级的信息含量。月一致公司（行业）评级水平是指多位分析师针对同一公司（行业）的月公司（行业）评级的均值。既然每个月都要产生新的月一致评级水平，按理说其包含的信息不会陈旧。月一致公司（行业）评级变化是指多位分析师针对同一公司（行业）的月一致公司（行业）评级水平（评级均值）的变化。鉴于构成月一致公司（行业）评级变化的前后两次的分析师可能不同，也许只代表不同分析师的意见分歧，未必代表新的信息出现。月公司（行业）评级净变化是指多位分析师针对同一公司（行业）的月公司（行业）评级变化的合计。月公司（行业）评级净变化中所包含的每一个评级变化都是同一分析师对同一公司（行业）的评级发生变化，极有可能有新信息出现分析师的观点才会发生变化。

本章构建了月一致公司评级水平和月一致行业评级水平联合组合、月一致公司评级变化和月一致行业评级变化联合组合、月公司评级净变化和月行业评级净变化联合组合，来检验公司评级和行业评级的联合能否产生对投资者有价值的增量信息。还构建了由公司评级模拟的月一致行业评级水平组合、由公司评级模拟的月一致行业评级变化组合、由公司评级模拟的月行业评级净变化组合，检验由公司评级模拟的行业评级的信息含量。此外还构建了月一致公司评级水平和由公司评级模拟的月一致行业评级水平联合组合、月一致公司评级变化和由公司评级模拟的月一致行业评级变化联合组合、月公司评级净变化和由公司评级模拟的月行业评级净变化联合组合，检验公司评级和模拟行业评级的联合能否产生更多投资价值，以及此投资价值比不比得上公司评级和真实行业评级联合产生的投资价值。

本章在对评级组合进行业绩评估时使用 CAPM 模型、Fama – French 三因素模型和 Carhart 四因素模型进行风险调整，根据截距项的显著与否判定评级组合经风险调整后是否有显著的月超常回报。

第 4 章

评级的信息含量的实证结果及分析

4.1 描述性统计

如表 4 – 1 所示，公司评级的均值为 1. 773，行业评级的均值为 1. 328，公司评级和行业评级均存在乐观偏差。公司评级的中位数为 2，行业评级的中位数为 1，也体现出二者存在乐观偏差。公司评级的乐观偏差与分析师维持与公司管理层的良好关系有关。乐观的公司评级往往伴之以乐观的行业评级，若公司评级与其所属行业的评级一个乐观一个悲观，公司评级的效果势必会大打折扣，这是分析师不愿意看到的。分析师评级的乐观倾向也与分析师天然就愿意跟进其看好的公司有关。海耶斯（Hayes，1998）发现分析师有更多的动机去搜集和报道他预期会表现得很好的股票的信息。

表 4 – 1 公司评级和行业评级的描述性统计

变量	样本数	均值	25% 分位	中位数	75% 分位	标准差
公司评级	345639	1. 773	1	2	2	0. 730
行业评级	228197	1. 328	1	1	2	0. 488

资料来源：Wind 数据库。

表 4 – 2 可见，同一分析师或同一研究团队针对同一公司的前后两次公司评级间隔天数的均值为 77. 855 天，中位数值为 37 天；同一分析师或同

一研究团队针对同一行业的前后两次行业评级间隔天数的均值为 28.212 天，中位数值为 7 天。

表 4 - 2   **两次评级之间的间隔天数**

变量	样本数	均值	25% 分位	中位数	75% 分位	标准差
公司评级	345639	77.855	14	37	90	133.555
行业评级	228197	28.212	6	7	19	88.124

资料来源：Wind 数据库。

表 4 - 3 可见，在公司评级发生变化的前提下，同一分析师或同一研究团队针对同一公司的前后两次公司评级间隔天数的均值为 164.939 天，中位数值为 87 天；在行业评级发生变化的前提下，同一分析师或同一研究团队针对同一行业的前后两次行业评级间隔天数的均值为 110.376 天，中位数值为 33 天。

表 4 - 3   **评级变化之间的间隔天数**

变量	样本数	均值	25% 分位	中位数	75% 分位	标准差
公司评级	345639	164.939	36	87	183	241.078
行业评级	228197	110.376	8	33	105	223.098

资料来源：Wind 数据库。

从表 4 - 2、表 4 - 3 分析师针对同一公司或同一行业发布公司评级和行业评级的频率的描述性统计看，本书采用月度数据是一个比较合适的选择。

表 4 - 4 中，只考虑有券商或分析师跟进的公司或行业的情况。跟进每家公司的券商的均值为 18.441，中位数值为 15；跟进每个行业的券商的均值为 50.865，中位数值为 55；跟进每家公司的分析师的均值为 29.828，中位数值为 20；跟进每个行业的分析师的均值为 201.654，中位数值为 198。不同公司和行业被关注程度差别很大。跟进一家行业的券商和分析师数远远多于跟进一家公司的。

表 4 - 4　　　　公司和行业的跟进券商和分析师数的描述性统计

变量	样本数	均值	25%分位	中位数	75%分位	标准差
跟进每家公司的券商数	345639	18.441	6	15	29	14.123
跟进每个行业的券商数	228197	50.865	47.5	55	61	14.541
跟进每家公司的分析师数	345639	29.828	7	20	44	29.992
跟进每个行业的分析师数	228197	201.654	111	198	270.5	109.306

资料来源：Wind 数据库。

表 4 - 5 中，每位分析师或研究团队跟进的公司数的均值为 21.061，中位数值为 14；每位分析师跟进的行业数的均值为 3.480，中位数值为 2；每位分析师跟进的行业数的 75%分位数仅为 4，每位分析师跟进的公司数的 75%分位数为 28，跟进的行业和跟进的公司数目均相当有限，可见分析师有自己专门研究的行业和公司，如果分析师跟进的行业或公司过多，则令人质疑分析师的时间和精力是否够用，也令人怀疑分析师预测和评级的准确程度。而券商的覆盖面相对分析师就要广得多，每家券商跟进的行业数的中位数为 44，达到全部行业的 85%。

表 4 - 5　　　　券商和分析师跟进的公司和行业数的描述性统计

变量	样本	均值	25%分位	中位数	75%分位	标准差
每家券商跟进的公司数	345639	690.870	331	637	1066	432.904
每家券商跟进的行业数	228197	38.333	34	44	47	13.199
每位分析师跟进的公司数	345639	21.061	5	14	28	25.604
每位分析师跟进的行业数	228197	3.480	1	2	4	3.650

资料来源：Wind 数据库。

表 4 - 6 可见分析师跟进公司和跟进行业占比大体上呈上升趋势，每一年跟进公司（行业）流通市值占比均大于跟进公司（行业）占比，说明分析师喜欢跟进流通市值高的公司（行业）。跟进每家公司的分析师数年均不超过 10 位。从 2004 ~ 2009 年大致呈现上升趋势，从 2009 ~ 2015 年大致呈现下降趋势。每个分析师年均跟进公司数长年徘徊在 11 个左右。跟进每

个行业的分析师数从 2009 年起明显增多，在 2010～2015 年是 52 个左右，每个分析师跟进的行业数在 2004～2010 年年均 2 个，2011～2015 年年均 3 个。从各年的分析师跟进公司和跟进行业情况的描述性统计看，每位分析师跟进的公司和跟进的行业均十分有限，这暗示着公司评级不大可能是市场基准。

表 4 - 6　　　　　2004～2015 年分析师跟进公司和行业的描述性统计

年份	跟进公司（家）	跟进公司占比（%）	跟进公司流通市值占比（%）	跟进每家公司分析师数（人）	每个分析师跟进公司数（家）	跟进行业（个）	跟进行业占比（%）	跟进行业流通市值占比（%）	跟进每个行业分析师数（人）	每个分析师跟进行业数（个）
2004	571	0.421	0.595	3.278	6.478	32	0.640	0.895	5.000	1.270
2005	774	0.570	0.745	8.282	9.907	42	0.840	0.978	13.545	1.646
2006	895	0.636	0.813	9.309	11.933	47	0.922	0.968	12.313	1.606
2007	970	0.649	0.862	7.721	9.514	49	0.942	0.995	21.816	1.767
2008	948	0.612	0.830	9.199	8.791	51	0.981	0.998	31.706	1.937
2009	1153	0.699	0.875	9.744	10.012	51	0.981	0.990	41.000	2.097
2010	1460	0.736	0.893	9.148	10.786	50	0.962	0.986	49.900	2.415
2011	1659	0.734	0.902	8.901	14.248	51	0.981	0.996	49.392	2.885
2012	1736	0.719	0.892	8.820	13.895	51	0.981	0.992	52.608	2.724
2013	1630	0.672	0.874	8.709	11.196	51	0.981	0.990	58.059	2.625
2014	1832	0.719	0.879	7.741	10.776	51	0.981	0.989	54.608	2.562
2015	2055	0.745	0.874	6.254	11.775	50	0.962	0.985	48.300	2.732

注：由于本书关注公司评级和行业评级联合后的信息，凡在样本处理中剔除的三级行业，行业内包含的公司也剔除。剔除处理后的三级行业为 52 个。

资料来源：Wind 数据库。

表 4 - 7 可见各年的公司评级均值与行业评级均值均存在乐观偏差，2004～2015 年公司评级和行业评级的乐观偏差总的趋势是在加大。自 2007 年起，公司评级和行业评级的乐观偏差变得更为明显。各年的月均公司评级数除 2004 年以外均上千。2009 年以前各年的月均行业评级数均没有上千，远远少于各年的月均公司评级数。自 2009 年起，月均公司数和月均行业数的差距开始大为减少，说明行业评级慢慢得到和公司评级一样的重视。

表 4 - 7　　　　　　2004～2015 年公司评级和行业评级的描述性统计

年份	公司（家）	券商（家）	分析师数（人）	公司评级均值	行业评级均值	月公司评级数	月行业评级数
2004	1355	16	289	2.306	1.650	678.600	49.200
2005	1358	29	647	2.398	1.794	2482.250	141.167
2006	1408	32	699	2.109	1.518	4395.833	137.250
2007	1495	49	788	1.916	1.323	1869.917	277.417
2008	1549	57	992	1.842	1.489	1669.083	811.917
2009	1650	65	1125	1.868	1.384	1947.583	1477.417
2010	1983	65	1240	1.709	1.322	2121.583	1470.083
2011	2260	58	1037	1.586	1.360	2618.583	2277.417
2012	2413	56	1102	1.636	1.366	2925.417	3679.000
2013	2426	59	1268	1.534	1.317	2926.750	3143.000
2014	2547	58	1316	1.451	1.279	3041.750	2973.917
2015	2757	51	1092	1.355	1.202	2751.000	2844.364

资料来源：Wind 数据库。

从表 4 - 8 可见悲观公司评级占比极小，样本期内各年悲观公司评级占比基本呈现出下降趋势，2005 年悲观公司评级占比最高，为 4.33%。自 2009 年起，悲观公司评级占比低于 1%，2011～2012 年悲观公司评级占比更是低至 0.1% 以下，2011 年悲观公司评级占比最低，为 0.05%。样本期内各年乐观公司评级占比大体上呈现出上升趋势，2005 年乐观公司评级占比最低，为 52.67%，2015 年最高，为 97.29%。自 2010 年起，各年的乐观公司评级占比均在 90% 以上。可见维持公司管理层关系的顾虑使得分析师进行公司评级时倾向于多做好评、少做差评，呈现出极强的乐观偏差。

表 4 - 8　　　　　　　　各档公司评级各年占比

年份	公司评级				
	1（买入）（%）	2（增持）（%）	3（中性）（%）	4（减持）（%）	5（卖出）（%）
2004	20.84	32.77	42.20	3.36	0.83
2005	11.93	40.74	43.00	4.20	0.13

续表

年份	公司评级				
	1（买入） （%）	2（增持） （%）	3（中性） （%）	4（减持） （%）	5（卖出） （%）
2006	22.14	47.32	28.15	2.33	0.06
2007	30.79	47.95	20.23	0.97	0.06
2008	34.24	48.73	15.84	0.99	0.20
2009	30.06	53.91	15.30	0.62	0.11
2010	38.16	53.00	8.65	0.14	0.05
2011	46.68	48.10	5.17	0.02	0.03
2012	43.01	50.54	6.37	0.01	0.07
2013	51.42	43.97	4.47	0.03	0.11
2014	58.93	37.49	3.33	0.10	0.15
2015	67.12	30.17	1.87	0.15	0.15

注：Wind 对公司评级分为 1~5 档。
资料来源：Wind 数据库。

由表 4-9 可见各年悲观行业评级在当年的行业评级里占比较小。各年悲观行业评级在当年行业评级中占比和悲观公司评级在当年公司评级中占比相比较，除了 2004 年、2006 年、2014 年、2015 年四个年份以外，前者都更大。由于分析师给出的行业评级不直接针对公司，对于得罪公司的顾虑要少些，因此虽然行业评级也存在乐观偏差，但是乐观偏差的程度没有公司评级高。

表 4-9 各档行业评级各年占比

年份	行业评级		
	1（乐观） （%）	2（中性） （%）	3（悲观） （%）
2004	37.40	60.16	2.44
2005	29.99	60.62	9.39
2006	50.27	47.67	2.06
2007	68.82	30.07	1.11
2008	52.92	45.23	1.85

年份	行业评级		
	1（乐观） （%）	2（中性） （%）	3（悲观） （%）
2009	63.38	34.89	1.73
2010	68.22	31.33	0.45
2011	65.74	32.57	1.69
2012	64.41	34.56	1.03
2013	68.71	30.88	0.41
2014	72.32	27.48	0.20
2015	79.87	20.09	0.04

注：Wind 对行业评级只给出了文字说明，鉴于绝大多数券商采用 3 档标准，本书对行业评级分 3 档。

资料来源：Wind 数据库。

　　表 4-10 按各券商在样本期发布的公司评级数从多到少排序。公司评级数上万条的有申银万国、国泰君安、中信证券、招商证券、国信证券、长江证券、海通证券、东方证券、兴业证券、华泰证券、中信建投 11 家，公司评级数在 5000~10000 条的有 9 家，公司评级数在 1000~5000 条的有 29 家，公司评级数少于 1000 条的有 20 家，其中新时代证券、恒泰证券、大通证券、江海证券 4 家券商公司评级数少于 100 条。行业评级数上万条的有国泰君安、渤海证券、中信证券、长江证券 4 家，行业评级数在 5000~10000 条的有 12 家，行业评级数在 1000~5000 条的有 30 家，有 23 家券商行业评级数少于 1000 条，其中有 8 家券商行业评级数少于 100 条。申银万国、国泰君安、中信证券、招商证券、长江证券、东方证券、兴业证券、华泰证券 8 家券商的公司评级数和行业评级数均排在前 10 位。可见大券商在发布公司评级和发布行业评级上二者并重。公司评级数排在前 10 位的券商只有国信证券和海通证券的行业评级数没有排进前 10 位，这两家的行业评级数分别排第 21 位、第 12 位。行业评级数最多的 10 家券商中只有渤海证券和安信证券的公司评级数没有排进前 10 位，这两家的公司评级数分别排第 42 位、第 14 位。民生证券的公司评级均值最低，为 1.336；香港中信研究的公司评级均值最高，为 2.923。华创证券的行业评级均值最低，

为 1.102；香港中信研究的行业评级均值最高，为 2.167。跟进公司数最少的券商是大通证券，跟进 35 家公司；跟进公司数最多的券商是国泰君安，跟进 1602 家公司。跟进三级行业数最少的券商是恒泰证券和新时代证券，分别跟进 6 个三级行业；跟进三级行业数最多的券商是国泰君安，跟进全部 52 个三级行业。69 家券商中有 44 家以上跟进的行业数达到 40 个以上（全部 52 个三级行业），有 55 家以上券商跟进的行业在 30 个以上。以上数据说明在行业评级上选择偏差并不严重。

表 4 - 10　　　　　　　　　　各券商的描述性统计

券商	公司评级	跟进公司（家）	公司评级均值	行业评级	跟进行业（个）	行业评级均值
申银万国	31810	1305	2.164	8491	49	1.464
国泰君安	21943	1602	1.619	23027	52	1.295
中信证券	18462	1308	1.519	14513	49	1.231
招商证券	18235	1305	1.808	7583	50	1.243
国信证券	16933	1088	1.798	4340	49	1.228
长江证券	16734	1403	1.485	11040	50	1.238
海通证券	16084	1578	1.610	5980	51	1.209
东方证券	10722	955	1.604	8360	48	1.150
兴业证券	10619	1326	1.878	7849	47	1.268
华泰证券	10372	1222	1.941	6100	47	1.380
中信建投	10123	1319	1.804	5020	49	1.167
中银国际	9763	637	2.292	4377	49	1.585
平安证券	9603	1191	1.831	4593	48	1.247
安信证券	9501	1224	1.540	8177	47	1.442
国金证券	9076	1133	1.875	4980	47	1.180
中投证券	8715	1066	1.837	2670	48	1.311
广发证券	8170	1263	1.503	4915	48	1.397
银河证券	7298	1128	1.422	5467	48	1.125
长城证券	6900	1054	1.769	5432	46	1.487
联合证券	5021	559	2.443	1234	41	1.426

续表

券商	公司评级	跟进公司（家）	公司评级均值	行业评级	跟进行业（个）	行业评级均值
民生证券	4928	1001	1.336	5390	46	1.244
宏源证券	4812	1084	1.462	3882	47	1.126
东兴证券	4517	1161	1.557	6085	49	1.218
瑞银证券	4425	365	1.618	80	12	1.925
华创证券	4212	874	1.665	1674	43	1.102
东北证券	4017	917	1.596	3643	47	1.537
齐鲁证券	3891	698	1.432	4197	46	1.109
国海证券	3497	1037	1.843	1553	43	1.421
西南证券	3480	905	1.700	1787	51	1.361
第一创业	3081	858	1.531	1546	43	1.388
方正证券	2935	907	1.565	2383	48	1.211
群益证券	2859	447	2.197	37	12	1.378
中原证券	2675	643	1.906	700	40	1.676
上海证券	2650	668	2.196	3270	44	1.329
民族证券	2562	787	1.548	1856	47	1.380
国都证券	2545	789	1.745	1682	44	1.292
信达证券	2455	417	1.830	2015	44	1.328
国联证券	2323	542	1.939	1084	39	1.120
华泰联合	2241	527	1.730	2018	44	1.200
浙商证券	2231	405	1.510	2408	36	1.314
国元证券	2078	861	2.088	1096	44	1.284
渤海证券	1970	593	1.712	20407	47	1.686
凯基证券	1893	218	2.541	318	29	1.792
东海证券	1794	694	1.803	1626	46	1.490
世纪证券	1537	455	2.035	466	39	1.474
日信证券	1314	519	1.972	883	37	1.195
山西证券	1208	520	1.774	1040	39	1.285
爱建证券	1193	542	1.990	1254	44	1.472
江南证券	1078	272	2.431	183	26	1.481

续表

券商	公司评级	跟进公司（家）	公司评级均值	行业评级	跟进行业（个）	行业评级均值
湘财证券	988	439	1.583	170	36	1.235
高华证券	853	214	2.699	70	22	1.657
东莞证券	837	371	1.456	2067	47	1.284
财富证券	724	365	1.525	272	43	1.169
金元证券	698	331	1.917	290	34	1.297
中邮证券	682	290	1.689	136	12	1.279
德邦证券	669	320	1.541	1660	43	1.334
太平洋证券	640	331	1.917	1665	43	1.294
华融证券	577	285	1.863	1478	34	1.501
南京证券	513	297	2.090	262	31	1.416
东吴证券	494	255	1.704	414	33	1.191
万联证券	483	276	1.940	149	34	1.174
国盛证券	236	94	1.983	227	19	1.137
大同证券	174	98	1.793	358	17	1.374
广州证券	153	87	1.876	26	13	1.115
香港中信	130	61	2.923	12	8	2.167
新时代证券	97	61	1.629	44	6	1.455
恒泰证券	91	48	1.681	36	6	1.444
大通证券	69	35	2.275	119	9	1.504
江海证券	46	40	1.630	31	16	1.161

资料来源：Wind 数据库。

从本书样本期内的券商披露的公司评级的基准来看，绝大多数券商的公司评级采用市场基准（69 家中的 64 家）。其中大多数券商给出个股相对大盘的涨跌幅度作为公司评级的标准，大盘一般采用沪深 300 指数，也有采用上证指数或深证成指的。部分券商给出个股具体涨跌幅度作为公司评级的标准。只有长城证券、高华证券、国都证券、凯基证券、银河证券的公司评级采用了行业基准。其中长城证券的公司评级标准规定了预期未来

6 个月内股价相对行业指数的涨跌幅度。高华证券的公司评级标准以股价相对于所在行业的回报确定。国都证券的长期公司评级标准以预计未来 3 年内，公司竞争力高于、等于或低于行业平均水平确定，可见是行业基准。国都证券的短期公司评级标准规定了预计未来 6 个月内股价的具体涨跌幅度，可见是市场基准。凯基证券的公司评级标准是以个股未来 12 个月的超额报酬在凯基证券所追踪的相关市场各股中的排名决定。银河证券的公司评级标准规定了未来 6～12 个月公司股价相对分析师所跟进股票平均回报的涨跌幅度。据此推断凯基证券和银河证券属于行业基准。银河证券、长城证券、国都证券、凯基证券、高华证券这 5 家券商所发布的公司评级数在 69 家券商中的排名分别为第 18 名、第 19 名、第 36 名、第 43 名、第 51 名，发布的行业评级数排名分别为第 13 名、第 14 名、第 34 名、第 52 名、第 63 名。从发布公司评级数和行业评级数来看，银河证券和长城证券排中上游，国都证券排中游，凯基证券、高华证券排中下游。这 5 家券商中只有银河证券的影响力较大，其在样本期内的 2011～2014 年《新财富》"最具影响力研究机构"评选中分列第 5 名、第 4 名、第 5 名、第 5 名。

如表 4-11 所示，看似月一致行业评级更小，但是由于原始公司评级分值是 1～5 分，原始行业评级分值是 1～3 分，实际上月一致公司评级的乐观偏差更大。

表 4-11　　　　月一致公司评级与月一致行业评级的描述性统计

变量	样本数	均值	25% 分位	中位数	75% 分位	标准差
月一致公司评级	57643	1.755	1.333	1.667	2	0.558
月一致行业评级	5405	1.345	1.125	1.286	1.500	0.286

注：构成月一致公司（行业）评级，要求每个月至少要有两位分析师对一个公司（行业）发布评级。

资料来源：Wind 数据库。

表 4-12 给出了各种月一致评级水平的分布。上一年月一致公司（行业）评级分布的 20%、80% 分位数作为下一年"优""中""差"分值的标准。月一致行业评级为"优"的组相对于为"差"的组，对应的月一致

公司评级为"优"的比率更高。月一致行业评级为"差"的组相对于为
"优"的组，对应的月一致公司评级为"差"的比率也更高，这暗示着月
一致行业评级水平和月一致公司评级水平的信息存在一定关联。同时，在
各种档次的月一致行业评级中，月一致公司评级在"优""中""差"之
间的分布还是比较分散的，表明这二者包含的信息有所区别。

表 4 – 12   月一致行业评级与月一致公司评级的分布

月一致行业评级	月一致公司评级	频数	在行业评级中占比（%）
优	优	4064	36.286
	中	5564	49.678
	差	1572	14.036
中	优	9542	30.450
	中	15876	50.662
	差	5919	18.888
差	优	1892	20.590
	中	4724	51.409
	差	2573	28.001

资料来源：Wind 数据库。

表 4 – 13 可见 Pearson 相关系数为 0.445，说明月一致行业评级和由公
司评级模拟的月一致行业评级之间存在低度相关，由此可以推断分析师在
发布行业评级时并非简单地按行业将公司评级合计而成，真实的月一致行
业评级和由公司评级模拟的月一致行业评级各自具有不同的信息含量。

表 4 – 13   真实月一致行业评级和由公司评级模拟的
                   月一致行业评级的相关系数矩阵

变量	真实月一致行业评级	模拟月一致行业评级
真实月一致行业评级	1	—
模拟月一致行业评级	0.445 ***	1

注：Pearson 相关系数，*** 表示在1%的水平显著。

表 4 – 14 可见 Pearson 相关系数为 0.120，说明月行业评级净变化和由公司评级模拟的月行业评级净变化之间相关关系极弱，可以视为不相关。由此可以推断分析师在作出行业评级变化时并非简单地按行业将公司评级变化合计而成，真实的行业评级净变化与由公司评级净变化模拟的行业评级净变化具有各自不同的信息含量。

表 4 – 14　　　　　　　**真实月行业评级净变化和由公司评级模拟的**
月行业评级净变化的相关系数矩阵

变量	真实月行业评级净变化	模拟月行业评级净变化
真实月行业评级净变化	1	—
模拟月行业评级净变化	0.120 ***	1

注：Pearson 相关系数，*** 表示在 1% 的水平显著。

表 4 – 15 中各三级行业包含公司数截至 2015 年末。在上述三级行业中，商业服务与用品行业的月均行业评级最高，为 1.098；贸易公司与经销商行业的月均行业评级最低，为 1.952。金属与采矿行业的月均行业评级数最多，为 138.331 条；贸易公司与经销商行业的月均行业评级数最少，为 0.140 条。跟进券商最多的为房地产管理与开发行业，67 家跟进；跟进券商最少的为贸易公司与经销商行业，5 家跟进。月均跟进券商最多的为金属与采矿行业，月均 22.956 家跟进；月均跟进券商最少的为建筑产品行业，月均 0.110 家跟进。包含公司最少的为无线电信业务行业，包含 2 家公司；包含公司最多的为化学制品行业，包含 217 家公司。

表 4 – 15　　　　　　　　　　**各三级行业的描述性统计**

行业代码	三级行业名称	包含公司数（家）	跟进券商（家）	月均券商（家）	跟进分析师（人）	月均分析师（人）	月均公司评级	月均公司评级数	月均行业评级	月均行业评级数
101010	能源设备与服务	17	43	2.522	98	2.772	1.702	17.412	1.308	6.529
101020	石油、天然气与消费用燃料	51	65	20.493	396	27.684	1.831	88.044	1.415	72.176
151010	化学制品	217	61	18.860	372	23.934	1.740	174.846	1.523	107.809
151020	建筑材料	43	55	12.456	230	14.353	1.766	52.721	1.351	49.824

续表

行业代码	三级行业名称	包含公司数（家）	跟进券商（家）	月均券商（家）	跟进分析师（人）	月均分析师（人）	月均公司评级	月均公司评级数	月均行业评级	月均行业评级数
151030	容器与包装	13	30	2.081	66	2.147	1.767	13.581	1.268	5.375
151040	金属与采矿	146	66	22.956	425	33.287	1.859	186.221	1.497	138.331
151050	纸类与林业产品	35	52	8.897	188	10.243	1.760	28.897	1.466	30.581
201010	航空航天与国防	18	51	5.971	144	6.529	1.804	19.265	1.202	14.772
201020	建筑产品	32	5	0.110	5	0.110	1.744	17.618	1.169	0.243
201030	建筑与工程	44	45	5.801	105	5.971	1.675	45.037	1.291	17.757
201040	电气设备	123	62	13.632	298	15.360	1.678	101.243	1.215	41.316
201060	机械制造	214	63	15.647	362	19.735	1.748	168.206	1.443	74.640
201070	贸易公司与经销商	28	5	0.125	8	0.132	1.626	10.147	1.952	0.140
202010	商业服务与用品	24	51	6.551	200	7.110	1.632	22.853	1.098	16.044
203010	航空货运与物流	11	48	5.603	128	6.110	1.850	7.294	1.461	16.559
203020	航空公司	4	54	10.154	184	11.169	2.137	16.132	1.490	31.000
203030	海运	14	55	10.257	178	11.272	2.072	23.132	1.572	37.934
203040	公路与铁路	16	53	8.066	198	8.949	1.781	15.096	1.348	32.059
203050	交通基本设施	41	55	9.294	184	10.801	1.900	75.397	1.462	33.154
251010	汽车零配件	66	57	7.522	232	8.860	1.730	41.640	1.480	16.316
251020	汽车	26	64	17.221	319	19.669	1.753	76.184	1.413	47.809
252010	家庭耐用消费品	65	55	10.809	209	12.331	1.766	83.890	1.379	32.691
252020	休闲设备与用品	18	31	1.750	51	1.868	1.729	9.346	1.135	3.331
252030	纺织品、服装与奢侈品	85	53	10.735	195	11.941	1.786	82.750	1.640	32.500
253010	酒店、餐馆与休闲	33	57	10.125	180	10.963	1.745	68.279	1.258	38.757
254010	媒体	33	55	10.382	245	12.059	1.768	50.934	1.318	37.779
255010	经销商	15	60	12.860	198	13.574	1.644	8.257	1.268	35.890
255030	多元化零售	49	61	13.279	200	13.949	1.757	65.000	1.282	37.485
255040	专营零售	13	60	12.934	198	13.699	1.695	14.574	1.289	37.647
301010	食品与主要用品零售	13	37	1.603	66	1.640	1.778	47.537	1.339	2.581

续表

行业代码	三级行业名称	包含公司数（家）	跟进券商（家）	月均券商（家）	跟进分析师（人）	月均分析师（人）	月均公司评级	月均公司评级数	月均行业评级	月均行业评级数
302010	饮料	32	61	13.588	238	14.654	1.758	75.316	1.262	38.029
302020	食品	95	62	19.191	313	25.875	1.797	116.640	1.312	79.404
303010	家常用品	4	14	0.250	20	0.265	1.876	1.426	1.292	0.449
303020	个人用品	3	18	0.316	28	0.331	1.647	6.654	1.227	0.522
351010	医疗保健设备与用品	15	47	3.184	120	3.412	1.764	12.191	1.253	7.397
351020	医疗保健提供商与服务	19	38	2.853	102	3.037	1.883	9.037	1.222	6.699
352010	生物科技	27	62	13.574	295	15.301	1.826	27.029	1.221	33.228
352020	制药	119	63	17.301	352	20.309	1.713	147.324	1.278	51.757
404010	房地产管理与开发	144	67	21.912	332	26.375	1.676	112.566	1.392	88.904
451010	互联网软件与服务	13	55	10.559	269	12.081	1.648	13.838	1.265	30.794
451020	信息技术服务	45	55	10.559	259	11.949	1.684	33.485	1.279	30.118
451030	软件	38	56	11.463	263	12.816	1.704	43.463	1.320	33.088
452010	通信设备	51	59	14.037	335	18.809	1.826	55.691	1.326	47.434
452020	电脑与外围设备	14	56	8.860	229	9.868	1.819	16.419	1.473	25.199
452030	电子设备、仪器和元件	137	63	14.551	409	20.529	1.805	96.926	1.384	58.037
453010	半导体产品与设备	42	57	10.331	258	11.801	1.897	25.279	1.387	27.772
501010	综合电信业务	3	56	5.507	160	5.772	1.685	15.007	1.559	11.978
501020	无线电信业务	2	51	3.066	107	3.162	1.898	2.772	1.477	4.919
551010	电力公用事业	48	62	12.757	272	14.301	1.821	65.750	1.328	31.096
551020	燃气公用事业	3	42	3.125	74	3.176	2.098	3.360	1.204	6.801
551030	复合型公用事业	11	42	3.140	74	3.191	1.687	5.919	1.193	6.846
551040	水公用事业	13	50	3.809	115	3.897	1.921	17.809	1.225	8.419

资料来源：Wind 数据库。

从表 4 – 16 的评级水平方面可见，月一致公司评级水平为"优"组合的月一致公司评级均值为 1.266，包含的月均公司数为 130；月一致公司评级水平为"差"组合的月一致公司评级均值为 2.527，月均包含公司数为 85。月一致公司评级水平和月一致行业评级水平均为"优"组合的月一致公司评级均值为 1.257，月均包含公司数为 32；月一致公司评级水平和月一致行业评级水平均为"差"组合的月一致公司评级均值为 2.541，月均包含公司数为 22。同时满足月一致公司评级水平和月一致行业评级水平为"优"（"差"）的月一致公司评级均值更低（高）。同时满足月一致公司评级水平和月一致行业评级水平两方面要求，使得组合中包含的公司数大约减少到原来的 1/4。

表 4 – 16　　　　月一致评级水平、月一致评级变化和月评级净评级变化组合的描述性统计

组合	组合月数	一致公司评级均值	一致行业评级均值	月均公司数	月均行业数
一致公司评级为优	131	1.266	—	130	—
一致公司评级为差	131	2.527	—	85	—
一致公司评级调优	131	1.293	—	57	—
一致公司评级调差	131	2.468	—	33	—
公司评级净调高	132	2.038	—	21	—
公司评级净调低	122	-2.025	—	18	—
一致行业评级为优	130	—	1.056	—	10
一致行业评级为差	128	—	1.780	—	8
一致行业评级调优	120	—	1.071	—	4
一致行业评级调差	113	—	1.725	—	3
行业评级净调高	111	—	2.098	—	6
行业评级净调低	115	—	-2.065	—	6
一致公司行业均优	128	1.257	1.070	32	7

续表

组合	组合月数	一致公司评级均值	一致行业评级均值	月均公司数	月均行业数
一致公司行业均差	117	2.541	1.763	22	5
一致公司行业调优	98	1.315	1.087	6	2
一致公司行业调差	78	2.447	1.700	3	2
公司行业净调高	86	2.117	2.343	7	3
公司行业净调低	82	-2.093	-2.438	6	3
模拟一致行业为优	131	—	1.535	—	15
模拟一致行业为差	125	—	2.351	—	7
模拟一致行业调优	124	—	1.542	—	7
模拟一致行业调差	116	—	2.263	—	4
模拟行业净调高	135	—	2.810	—	14
模拟行业净调低	133	—	-2.351	—	8
一致公司拟行业均优	130	1.165	1.553	102	15
一致公司拟行业均差	125	2.731	2.339	45	7
一致公司拟行业调优	118	1.197	1.555	27	7
一致公司拟行业调差	108	2.562	2.225	8	3
公司拟行业净调高	127	2.048	3.781	15	8
公司拟行业净调低	101	-2.090	-3.318	13	6

注：公司（行业）评级净调高（净调低）组合对应的一致公司（行业）评级均值栏实际为月均公司（行业）评级净变化，正值为净调高，负值为净调低。篇幅所限对于公司评级和行业评级的联合只显示了最优、最差的联合，略去了优差的联合。

资料来源：Wind 数据库。

从表 4-16 的评级变化方面可见，月公司评级"净调高"组合内公司的月均"净调高"评级数为 2.038，月均包含公司数 21；月公司评级"净调低"组合内月均"净调低"评级数为 -2.025，月均包含公司数 18。公司评级向上变化组合比起向下变化组合无论是月均净评级变化数还是月均包含公司数都更高。月公司评级和月行业评级均"净调高"组合内的公司月均"净调高"评级数为 2.117，月均包含公司数 7；公司评级和行业评级均"净调低"组合内月均"净调低"评级数为 -2.093，月均包含公司数 6。同时满足月公司评级和月行业评级"净调高"（"净调低"）的月均公司评级"净调高"（"净调低"）数也更高（低）。同时满足月公司评级净变化和月行业评级净变化两方面要求，使得组合中包含的公司数大约减少到原来的 1/3。

表 4-16 模拟的行业评级相比真实行业评级，一般来说包含的行业数和公司数都更多，这是因为原始的公司评级数一般比行业评级数多，所以模拟出来的行业评级数也就更多。模拟行业评级水平和变化组合相比真实行业评级水平和变化组合，包含的月一致行业评级均值更大，这和原始公司评级分值为 5 档、原始行业评级分值为 3 档有关。公司评级和模拟行业评级联合相比公司评级和真实行业评级联合，所包含的月一致公司评级均值的乐观偏差更大。可见模拟行业评级和真实行业评级是有区别的，预示着二者包含的信息也有区别。

4.2　公司评级的市场反应

如表 4-17 所示，对于月一致公司评级水平组合、月一致公司评级变化组合、月公司评级净变化组合，第 2 列原始月均回报率随着评级从优到差大体上呈现减少趋势。第 3、第 4、第 5 列为 CAPM 模型、Fama-French 三因素模型、Carhart 四因素模型的截距，随着评级从优到差大体上也呈现降低趋势。由面板 A 可见，月一致公司评级水平 P1（优）组在组合形成后一个月经 CAPM 模型、三因素模型和四因素模型调整后的月超常回报分别为显著为正的 1.371%、1.011% 和 0.945%。P5（差）组在组合形成后一个月经三因素和四因素模型调整后的月超常回报为显著为负的 -1.152% 和 -1.158%。做多 P1 组同时做空 P5 组形成的零成本套利组合在组合形成后一个月经 CAPM 模型、三因素模型和四因素模型调整后的月超常回报为显著为正的 1.695%、2.163% 和 2.103%。实证结果表明月一致公司评级水平信息能带来显著的市场反应，假设 H1a 得到验证。

表 4 - 17　　　　　　　　公司评级组合的原始回报和超常回报

组合		原始回报	CAPM 截距	三因素模型截距	四因素模型截距
面板 A：月一致公司评级水平组合	P1（优）	3. 191 *** (3. 60)	1. 371 *** (3. 62)	1. 011 *** (4. 09)	0. 945 *** (4. 16)
	P2	2. 645 *** (3. 04)	0. 858 ** (2. 26)	0. 474 * (1. 84)	0. 399 * (1. 72)
	P3	2. 811 *** (3. 12)	0. 988 ** (2. 40)	0. 541 * (1. 82)	0. 497 * (1. 71)
	P4	2. 498 *** (2. 74)	0. 619 (1. 64)	0. 031 (0. 12)	- 0. 006 (- 0. 02)
	P5（差）	1. 659 * (1. 72)	- 0. 323 (- 0. 83)	- 1. 152 *** (- 4. 41)	- 1. 158 *** (- 4. 41)
	P1 - P5	1. 532 *** (4. 08)	1. 695 *** (4. 54)	2. 163 *** (6. 62)	2. 103 *** (6. 67)
面板 B：月一致公司评级变化组合	调高到优	3. 094 *** (3. 48)	1. 274 *** (3. 26)	0. 807 *** (2. 86)	0. 754 *** (2. 77)
	调高到中	2. 810 *** (3. 00)	1. 000 ** (2. 54)	0. 427 (1. 41)	0. 393 (1. 31)
	调低到中	2. 578 *** (2. 85)	0. 738 * (1. 82)	0. 337 (1. 20)	0. 269 (1. 03)
	调低到差	1. 253 (1. 34)	- 0. 622 (- 1. 45)	- 1. 343 *** (- 3. 98)	- 1. 374 *** (- 4. 09)
	套利组合	1. 842 *** (4. 83)	1. 896 *** (4. 90)	2. 150 *** (5. 56)	2. 128 *** (5. 49)
面板 C：月公司评级净变化组合	净调高	3. 790 *** (3. 92)	2. 013 *** (3. 88)	1. 423 *** (3. 04)	1. 296 *** (2. 89)
	净调低	1. 608 (1. 64)	- 0. 283 (- 0. 64)	- 0. 344 (- 0. 76)	- 0. 403 (- 0. 89)
	套利组合	2. 182 *** (3. 59)	2. 296 *** (3. 73)	1. 767 *** (2. 84)	1. 700 *** (2. 73)

注：圆括号内为 t 值，单位为%；*** 、** 、* 分别表示在 1% 、5% 、10% 的水平下显著。

如表 4 - 17 面板 B 所示，月一致公司评级"调高到优"组经 CAPM 模型、三因素模型和四因素模型调整后的月超常回报为显著为正的 1.274%、0.807% 和 0.754%。"调低到差"组经三因素模型和四因素模型调整后的月超常回报为显著为负的 - 1.343% 和 - 1.374%。做多"调高到优"组同时做空"调低到差"组形成的套利组合经 CAPM 模型、三因素模型和四因素模型调整后的月超常回报分别为显著为正的 1.896%、2.150% 和 2.128%。实证结果表明月一致公司评级变化信息能带来显著的市场反应，假设 H1a 再次得到验证。

如表 4-17 面板 C 所示，月公司评级"净调高"组经 CAPM 模型、三因素模型和四因素模型调整后的月超常回报分别为显著为正的 2.013%、1.423% 和 1.296%。做多"净调高"组同时做空"净调低"组形成的套利组合经 CAPM 模型、三因素模型和四因素模型调整后的月超常回报分别为显著为正的 2.296%、1.767% 和 1.700%。实证结果表明月公司评级"净调高"信息能带来显著的市场反应，假设 H1a 继续得到验证。"净调低"组经 CAPM 模型、三因素模型和四因素模型调整后的月超常回报分别为 -0.283%、-0.344% 和 -0.403%，虽然为负但是不显著，这和做空限制下分析师缺乏动力去搜集负面信息有关。实证结果表明月公司评级"净调低"信息不能带来显著的市场反应，假设 H1a 在此没有得到支持。

表 4-17 面板 C 月公司评级"净调高"组经风险调整后的正向市场反应大于面板 A 月一致公司评级水平为"优"组，此处月公司评级变化比月公司评级水平有更大的市场反应，假设 H1b 得到验证。面板 B 月一致公司评级"调高到优"组经风险调整后的正向市场反应小于面板 A 月一致公司评级水平为"优"组，此处月公司评级变化的市场反应并不比月公司评级水平的市场反应更大，假设 H1b 没有得到支持。月公司评级净变化中所包含的每一个评级变化都是同一分析师对同一公司所为，净变化很可能代表新信息出现。月一致公司评级变化是指多位分析师针对同一公司的月公司评级均值的变化。构成月一致公司评级变化的前后两次一致公司评级的分析师可能不同，因此可能仅代表了不同分析师的意见分歧，并不代表有新的信息出现。

表 4-17 面板 B 月一致公司评级"调低到差"组经风险调整后的负向市场反应大于面板 A 月一致公司评级水平为"差"组，此处月公司评级变化比月公司评级水平的市场反应更大，假设 H1b 能够得到支持。面板 C 月公司评级"净调低"组经风险调整后的负向市场反应小于面板 A 月一致公司评级水平为"差"组，此处月公司评级变化的市场反应并

不比月公司评级水平的市场反应更大，假设 H1b 没有得到支持。可见不同评级水平与变化组合引起的正向和负向市场反应并不对称，这和我国分析师评级普遍存在强烈乐观偏差、分析师单方面重视正面评级有关。

　　鉴于我国存在卖空限制，只有融券标的股票可以做空，而融券标的股票很少。做空和套利基本上只存在理论上的可能，做多是投资者最现实的选择。从"优"公司评级方面看，月公司评级"净调高"组合的信息含量最大，月一致公司评级水平为"优"组合的信息含量次之，显示出向上的评级变化比高评级水平蕴含更多信息含量。月一致公司评级"调高到优"组合的信息含量最少。

4.3　行业评级的市场反应

　　如表 4 - 18 所示，对于月一致行业评级水平组合、月一致行业评级变化组合、月行业评级净变化组合、CAPM、三因素模型、四因素模型的截距，随着评级从优到差并未呈现减少趋势。对于月一致行业评级水平组合、月一致行业评级变化组合、月行业评级净变化组合，经风险调整后的月超常回报都不显著。实证结果表明月行业评级的市场反应不显著，假设 H2 得以验证。依据行业评级构建的行业投资组合没有引起显著的市场反应和分析师的行业评级缺乏信息优势有一定关系，行业评级使用的市场层面信息和行业层面信息也很容易被投资者得到。另外行业评级的日期如果相对陈旧，依据行业评级构建的行业投资组合也很难取得显著的超常回报。再说行业回报率由各公司的回报率平均而成，一个行业里面公司良莠不齐，即使行业不错也不敢保证行业回报率一定为正。依据行业评级构建的行业投资组合没有引起显著的市场反应，可以说行业评级的信息含量不显著，却不能由此断言行业评级的信息对于投资者无用。

表 4 - 18　　　　　　　**行业评级组合的原始回报和超常回报**

组合		原始回报	CAPM 截距	三因素模型截距	四因素模型截距
面板 A：月一致行业评级水平组合	P1（优）	2.308 *** (2.63)	0.201 (0.56)	-0.190 (-0.63)	-0.223 (-0.74)
	P2	2.723 *** (3.09)	0.611 * (1.70)	0.247 (0.95)	0.215 (0.83)
	P3	2.465 *** (2.69)	0.294 (0.84)	-0.052 (-0.16)	-0.061 (-0.19)
	P4	2.130 ** (2.17)	0.246 (0.79)	-0.282 (-1.00)	-0.292 (-1.04)
	P5（差）	2.445 *** (2.70)	0.242 (0.73)	-0.154 (-0.50)	-0.120 (-0.39)
	P1 - P5	-0.137 (-0.36)	-0.041 (-0.11)	-0.036 (-0.10)	-0.103 (-0.28)
面板 B：月一致行业评级变化组合	调高到优	1.695 * (1.78)	-0.125 (-0.26)	-0.569 (-1.39)	-0.572 (-1.39)
	调高到中	2.332 ** (2.26)	-0.225 (-0.37)	-0.675 (-1.20)	-0.675 (-1.21)
	调低到中	3.208 *** (2.88)	1.029 * (1.69)	0.579 (1.08)	0.573 (1.07)
	调低到差	2.273 ** (2.12)	0.185 (0.39)	-0.064 (-0.13)	-0.047 (-0.10)
	套利组合	-0.579 (-1.01)	-0.311 (-0.55)	-0.505 (-0.90)	-0.525 (-0.96)
面板 C：月行业评级净变化组合	净调高	1.659 * (1.77)	0.128 (0.33)	-0.136 (-0.36)	-0.133 (-0.35)
	净调低	1.957 * (1.73)	0.183 (0.37)	-0.343 (-0.72)	-0.348 (-0.74)
	套利组合	-0.297 (-0.50)	-0.055 (-0.09)	0.206 (0.34)	0.215 (0.36)

注：圆括号内为 t 值，单位为%；***、**、* 分别表示在1%、5%、10%的水平下显著。

4.4　公司评级和行业评级联合的市场反应

如表 4 - 19 面板 A 所示，月一致公司评级水平和月一致行业评级水平均为"优"组经 CAPM 模型、三因素模型和四因素模型风险调整后的月超常回报分别为显著为正的 1.485%、1.239% 和 1.138%。均为"差"组经三因素模型和四因素模型调整后的月超常回报分别为显著为负的 -1.252% 和 -1.262%。套利组合经 CAPM 模型、三因素模型和四因素模型调整后的月超常回报分别为显著为正的 1.794%、2.491% 和 2.400%。实证结果表明月公司评级和月行业评级的联合具有信息含量,相比表 4-17 面板 A 单独依靠月公司评级或表 4-18 面板 A 单独依靠月行业评级,产生了信息增量,假设 H3a 得以验证。此外发现月公司评级和月行业评级的最优联合组合引起的正向市场反应比优差联合组合更大。最差联合组合引起的负向市场反应也比优差联合组合更大。

表 4-19　　　公司评级和行业评级联合组合的原始回报和超常回报

组合		原始回报	CAPM 截距	三因素模型截距	四因素模型截距
面板 A:月一致公司评级水平和月一致行业评级水平联合组合	公司行业均优	3.290 *** (3.32)	1.485 *** (2.66)	1.239 *** (2.68)	1.138 ** (2.60)
	公司优行业差	2.878 *** (2.75)	0.941 * (1.71)	0.670 (1.52)	0.635 (1.45)
	公司差行业优	1.282 (1.18)	-0.313 (-0.45)	-1.025 * (-1.71)	-1.070 * (-1.78)
	公司行业均差	1.807 (1.58)	-0.308 (-0.53)	-1.252 *** (-2.71)	-1.262 *** (-2.71)
	套利组合	1.483 * (1.91)	1.794 ** (2.31)	2.491 *** (3.60)	2.400 *** (3.52)
面板 B:月一致公司评级变化和月一致行业评级变化联合组合	公司行业均调优	1.006 (0.65)	0.402 (0.35)	1.029 (0.86)	1.328 (1.13)
	公司调优行业调差	2.503 (1.37)	1.673 (1.05)	1.874 (1.13)	1.837 (1.07)
	公司调差行业调优	0.427 (0.28)	-0.307 (-0.25)	-0.688 (-0.54)	-0.550 (-0.43)
	公司行业均调差	-0.602 (-0.43)	-1.128 (-0.98)	-1.244 (-1.21)	-1.283 (-1.22)
	套利组合	1.609 (1.10)	1.530 (1.05)	2.273 (1.43)	2.611 (1.65)

续表

组合		原始回报	CAPM 截距	三因素模型截距	四因素模型截距
面板 C：月公司评级净变化和月行业评级净变化联合组合	公司行业均净调高	5.026 *** (4.04)	2.280 *** (3.16)	2.306 *** (3.19)	2.262 *** (3.07)
	公司净调高行业净调低	2.290 (1.46)	−0.379 (−0.38)	−0.450 (−0.44)	−0.493 (−0.47)
	公司净调低行业净调高	3.710 ** (2.32)	0.811 (0.75)	0.871 (0.78)	0.983 (0.87)
	公司行业均净调低	1.560 (0.86)	−1.885 (−1.44)	−2.021 (−1.50)	−2.343 * (−1.76)
	套利组合	3.466 ** (2.19)	4.165 ** (2.52)	4.328 ** (2.63)	4.605 *** (2.77)

注：圆括号内为 t 检验的 p 值，单位为%；*** 、** 、* 分别表示在 1%、5%、10% 的水平下显著。

如表 4 - 19 面板 B 所示，月一致公司评级和月一致行业评级均"调高到优"组经 CAPM 模型、三因素模型和四因素模型调整后的月超常回报分别为 0.402%、1.029% 和 1.328%，均不显著。均"调低到差"组经三因素模型和四因素模型调整后的月超常回报为 −1.244% 和 −1.283%，也均不显著。套利组合经风险调整后仍不显著。实证结果表明公司评级和行业评级的联合的信息含量不显著，此处公司评级和行业评级的联合相比表 4 - 17 面板 B 单独依靠公司评级或表 4 - 18 面板 B 单独依靠行业评级，并没有产生信息增量，此处假设 H3a 没有得以验证。一致评级变化是指多位分析师针对同一公司（行业）的评级均值的变化。如果构成月一致评级变化的分析师成员大相径庭，评级的变化很可能只代表着不同分析师的意见分歧，不一定蕴含着新的信息。如表 4 - 4、表 4 - 6 的描述性统计所示，跟进一个行业的分析师数远远多于跟进一家公司的分析师数，月一致行业评级变化相比月一致公司评级变化，更有可能由不同分析师的评级构成。所以尽管月一致公司评级变化组合有信息含量，在组合形成后一个月能引起显著的市场反应，但是联合月一致行业评级变化的信息后，并不一定获得了增量的信息，再说组合的形成月数变得更少，联合组合的信息含量不但没有增加反而有所削弱。

如表 4 - 19 面板 C 所示，月公司评级和月行业评级均"净调高"组经 CAPM 模型、三因素模型和四因素模型调整后的月超常回报分别为显著为正的 2.280%、2.306% 和 2.262%。套利组合经 CAPM 模型、三因素模型和四因素模型调整后的月超常回报分别为显著为正的 4.165%、4.328% 和 4.605%。实证结果表明月公司评级和月行业评级的联合，相比表 4 - 17 面板 C 单独依靠月公司评级或表 4 - 18 面板 C 单独依靠月行业评级，产生了信息增量，假设 H3a 得到支持。月公司评级和月行业评级均"净调低"组经 CAPM 模型、三因素模型和四因素模型调整后的月超常回报分别为 -1.885%、-2.021% 和 -2.343%，仅最后一项显著，假设 H3a 在此没有得到足够的支持。不同评级变化组合引起的正向和负向市场反应并不对称，这和我国分析师评级普遍存在强烈乐观偏差、分析师单方面重视正面评级有关。

如表 4 - 19 所示，相比面板 A 月一致公司评级水平和月一致行业评级水平联合组合，面板 B 月一致公司评级变化和月一致行业评级变化联合组合并无信息增量，假设 H3b 没有得到支持。相比面板 A 月一致公司评级水平和月一致行业评级水平均为"优"联合组合，面板 C 月公司评级和月行业评级均"净调高"联合组合有信息增量，数据能够支持假设 H3b。月公司评级和月行业评级均"净调高"联合组合与月一致公司评级水平和月一致行业评级水平均为"优"联合组合相比，前者的形成频率低 30% 左右，超常回报却高 90% 左右。

如表 4 - 19 所示，大体上公司评级联合行业评级能带来比单独考虑公司评级或行业评级更强的经风险调整后的正向（负向）市场反应。这说明公司评级和行业评级的信息联合产生了增量信息。可见行业评级并非毫无作用，虽然单独根据行业评级组合不能得到显著的市场反应，但行业评级信息在和公司评级信息联合时发挥了作用。我国大多数券商宣称其公司评级采取市场基准（以市场上所有公司为基准），这就隐含着其公司评级内已经包含了市场和行业层面的信息，但是此处的实证结果发现公司评级的信息联合行业评级的信息后，仍然会产生增量信息。可见公司评级中并未囊括所有的市场和行业层面的信息。仅依靠公司评级不够，还需要联合行业评级的信息，才能为投资者带来最大的投资价值。

如表 4-19 所示，"优"公司评级联合"差"行业评级（"差"公司联合"优"行业评级）带来的经风险调整后的超常回报有正有负，多不显著。这说明在公司评级和行业评级评价相反的时候构建这二者的联合组合，评级的信息含量被抵消掉了。

4.5 由公司评级模拟的行业评级的市场反应

由公司评级模拟行业评级在没有行业评级数据可用的时候是不得已的选择，在有了真实行业评级数据以后，仍可用这种方式来检验公司评级里是否有市场层面和行业层面的信息，以及真实行业评级和模拟行业评级的信息是否有别。由表 4-20 可知，虽然由公司评级模拟的月一致行业评级为"优"组、由公司评级模拟的月一致行业评级"调高到优"组和由公司评级模拟的月行业评级"净调高"组经 CAPM 模型调整后的月超常回报分别为显著为正的 0.925%、1% 和 0.468%。但这些组合经三因素模型和四因素模型进行风险调整后的月超常回报均不显著，可见总体上讲由公司评级模拟的月行业评级的市场反应不显著。由公司评级模拟的月一致行业评级为"差"组、由公司评级模拟的月一致行业评级"调低到差"组和由公司评级模拟的月行业评级"净调低"组经 CAPM 模型、三因素模型和四因素模型风险调整后的月超常回报均不显著，仍然可见由公司评级模拟的月行业评级的市场反应不显著。

表 4-20 　由公司评级模拟的行业评级组合的原始回报和超常回报

组合		原始回报	CAPM 截距	三因素模型截距	四因素模型截距
面板 A：由公司评级模拟的月一致行业评级水平组合	P1（优）	3.142 *** (3.44)	0.925 *** (2.71)	0.395 (1.56)	0.373 (1.47)
	P2	2.476 *** (2.85)	0.332 (1.12)	-0.126 (-0.60)	-0.152 (-0.74)
	P3	2.782 *** (3.18)	0.616 ** (2.13)	0.144 (0.60)	0.138 (0.57)
	P4	2.671 *** (2.79)	0.317 (0.85)	-0.056 (-0.16)	-0.049 (-0.14)

组合		原始回报	CAPM 截距	三因素模型截距	四因素模型截距
面板 A：由公司评级模拟的月一致行业评级水平组合	P5（差）	2.319 ** (2.42)	0.077 (0.18)	-0.542 (-1.34)	-0.449 (-1.16)
	套利组合	0.822 * (1.73)	0.849 * (1.74)	0.936 ** (2.05)	0.822 * (1.89)
面板 B：由公司评级模拟的月一致行业评级变化组合	调高到优	2.653 *** (3.02)	1.000 ** (2.50)	0.286 (1.00)	0.291 (1.01)
	调高到中	1.704 (1.62)	0.655 (1.13)	0.308 (0.51)	0.321 (0.53)
	调低到中	2.318 ** (2.27)	0.431 (0.94)	-0.247 (-0.66)	-0.234 (-0.63)
	调低到差	1.919 ** (2.01)	0.159 (0.35)	-0.435 (-1.02)	-0.405 (-0.98)
	套利组合	0.734 (1.62)	0.841 * (1.84)	0.721 (1.66)	0.697 (1.64)
面板 C：由公司评级模拟的月行业评级净变化组合	净调高	2.427 *** (2.83)	0.468 * (1.90)	-0.032 (-0.21)	-0.048 (-0.32)
	净调低	2.234 ** (2.52)	0.371 (0.84)	-0.064 (-0.15)	-0.069 (-0.16)
	套利组合	0.194 (0.45)	0.097 (0.22)	0.032 (0.07)	0.021 (0.05)

注：圆括号内为 t 值，单位为%；***、**、* 分别表示在 1%、5%、10% 的水平下显著。

4.6　公司评级和由公司评级模拟的行业评级联合的市场反应

如表 4-21 面板 A 所示，月一致公司评级水平和由公司评级模拟的月一致行业评级水平均为"优"组经 CAPM 模型、三因素模型和四因素模型风险调整后的月超常回报分别为显著为正的 1.614%、1.227% 和 1.078%。套利组合经 CAPM 模型、三因素模型和四因素模型调整后的月超常回报分别为显著为正的 2.054%、2.144% 和 1.846%。实证结果表明月一致公司评级水平和模拟月一致行业评级水平均为"优"联合组合与套利组合能带来显著的市场反应，相比表 4 - 17 面板 A 单独依靠月公司评级或表 4 - 20 面板 A 单独依靠模拟月行业评级，产生了更高的投资价值。表 4 - 21 面板 A 月一致公司评级水平和模拟月一致行业评级水平均为"优"联合组合，相比表 4 - 19 面板 A 月一致公司评级水平和真实月一致行业评级水平均为"优"联合组合，前者的市场反应更小，可见模拟行业评级的价值不如真实行业评级。表 4 - 21 面板 A 月一致公司评级水平和模拟月一致行业评级水平均为"差"组经三因素模型和四因素模型调整后的月超常回报分别为 - 0.916% 和 - 0.768%，后一项不显著。月一致公司评级水平和模拟月一致行业评级水平均为"差"联合组合的市场反应还不如表 4 - 17 面板 A 单独依靠月一致公司评级为"差"组合，可见正面和负面评级的市场反应并不对称。

表 4 - 21 公司评级和由公司评级模拟的行业评级联合组合的原始回报和超常回报

组合		原始回报	CAPM 截距	三因素模型截距	四因素模型截距
面板 A：月一致公司评级水平和模拟月一致行业评级水平联合组合	公司行业均优	3.411 *** (3.49)	1.614 *** (3.24)	1.227 *** (2.99)	1.078 *** (2.80)
	公司优行业差	1.860 * (1.96)	0.170 (0.28)	0.156 (0.25)	0.183 (0.29)
	公司差行业优	2.231 * (1.73)	- 0.012 (- 0.01)	- 1.466 ** (- 2.27)	- 1.507 ** (- 2.33)
	公司行业均差	1.438 (1.39)	- 0.440 (- 0.81)	- 0.916 * (- 1.75)	- 0.768 (- 1.51)
	套利组合	1.973 ** (2.62)	2.054 *** (2.68)	2.144 *** (3.20)	1.846 *** (3.06)
面板 B：月一致公司评级变化和模拟月一致行业评级变化联合组合	公司行业均调优	3.215 ** (2.51)	1.853 ** (2.22)	0.872 (1.16)	0.886 (1.18)
	公司调优行业调差	2.578 * (1.85)	0.924 (0.81)	1.202 (0.88)	1.185 (0.86)
	公司调差行业调优	1.374 (0.96)	- 0.060 (- 0.06)	- 0.797 (- 0.87)	- 0.811 (- 0.87)
	公司行业均调差	1.324 (1.11)	0.085 (0.10)	- 0.341 (- 0.38)	- 0.369 (- 0.42)
	套利组合	1.891 * (1.71)	1.767 (1.58)	1.213 (1.15)	1.256 (1.25)

续表

组合		原始回报	CAPM 截距	三因素模型截距	四因素模型截距
面板 C：月公司评级净变化和模拟月行业评级净变化联合组合	公司行业均净调高	3.746 *** (3.36)	1.786 *** (2.79)	1.623 ** (2.58)	1.409 ** (2.31)
	公司净调高行业净调低	2.635 * (1.87)	0.224 (0.24)	0.609 (0.67)	0.258 (0.29)
	公司净调低行业净调高	2.317 ** (2.01)	0.713 (1.21)	0.725 (1.21)	0.760 (1.25)
	公司行业均净调低	1.426 (1.25)	−0.711 (−1.35)	−0.763 (−1.39)	−0.783 (−1.41)
	套利组合	2.321 *** (2.70)	2.497 *** (2.85)	2.386 *** (2.71)	2.191 ** (2.50)

注：圆括号内为 t 值，单位为%；*** 、** 、* 分别表示在 1%、5%、10% 的水平下显著。

如表 4 − 21 面板 B 所示，月一致公司评级和由公司评级模拟的月一致行业评级均"调高到优"组经 CAPM 模型、三因素模型和四因素模型调整后的月超常回报分别为 1.853%、0.872% 和 0.886%，仅第一项显著。月一致公司评级和由公司评级模拟的月一致行业评级均"调低到差"组经 CAPM 模型、三因素模型和四因素模型调整后的月超常回报分别为 0.085%、−0.341% 和 −0.369%，均不显著。实证结果表明月一致公司评级变化和模拟月一致行业评级变化联合的市场反应不显著。

如表 4 − 21 面板 C 所示，月公司评级和由公司评级模拟的月行业评级均"净调高"组经 CAPM 模型、三因素模型和四因素模型调整后的月超常回报分别为显著为正的 1.786%、1.623% 和 1.409%，套利组合经 CAPM 模型、三因素模型和四因素模型调整后的月超常回报分别为显著为正的 2.497%、2.386% 和 2.191%。可见月公司评级和模拟月行业评级均"净调高"联合组合与套利组合能带来显著的市场反应，相比表 4 − 17 面板 C 单独依靠公司评级或表 4 − 20 面板 C 单独依靠模拟行业评级，产生了更高的投资价值。面板 C 月公司评级和模拟月行业评级均"净调高"联合组合相比面板 A 月一致公司评级水平和模拟月一致行业评级水平均为"优"联合组合，前者的市场反应更大，可见评级变化比评级水平有更大的市场反应。表 4-21 面板 C 月公司评级和模拟月行业评级均"净调高"联合组合相比表 4-19 面板 C 月公司评级和真实月行业评级均"净调高"联合组合，前者的市场反应更小，可见模拟行业评级的价值不如真实行业评级。月公司评级和模拟月行业评级均"净调低"组经 CAPM 模型、三因素模型和四因素模型调整后的月超常回报分别为不显著的 -0.711%、-0.763% 和 -0.783%，市场反应并不显著。

我国大多数券商的公司评级采取市场基准意味着其公司评级内有可能包含市场层面和行业层面的信息。从回归结果看虽然模拟行业评级组合不能带来未来的行业超常回报，但能为行业排名、公司评级和模拟行业评级联合产生更高的投资价值，只是不如公司评级和真实行业评级联合产生的投资价值高。虽然模拟行业评级的信息含量不显著，但其信息具备有用性，可以推断公司评级中包含一定的市场层面和行业层面的信息，还可以推断出分析师发布真实行业评级时并非简单地由公司评级模拟而成，而是另有其信息来源。既然公司评级中并未囊括所有的市场层面和行业层面的信息，那么投资者不能只依靠公司评级，必须要将公司评级和行业评级的信息联合，才能得到增量的信息。

4.7 公司评级和行业评级联合组合形成后一年内的市场反应

鉴于以上月一致公司评级变化和月一致行业评级变化联合组合的市场反应不显著，以下只考虑月一致公司评级水平和月一致行业评级水平联合组合、月公司评级净变化和月行业评级净变化联合组合。

表 4-22 中第 3~7 列分别是组合形成后一年内的经三因素模型进行风险调整后月均超常回报。月一致公司评级水平和月一致行业评级水平均为"优"（"差"）组在组合形成后的 1 个、3 个、6 个、9 个、12 个月内有显著为正（负）的经风险调整后的月均超常回报，大体上正向和负向的月超常回报随着时间流逝均呈现出逐渐衰减的趋势。月一致公司评级水平为"优"（"差"）组在组合形成后的 1 个、3 个、6 个、9 个、12 个月内也有

显著为正（负）的经风险调整后的月超常回报，只是其市场反应小于月一致公司评级水平和月一致行业评级水平联合组合，本书限于篇幅没有报告。月公司评级和月行业评级均"净调高"组在组合形成后的 1 个月和 3 个月内有显著为正的经风险调整后的月超常回报，随着时间流逝正向和负向的月超常回报均逐渐变小。月公司评级"净调高"组在组合形成后的 1 个月和 3 个月内也有显著为正的经风险调整后的月超常回报，只是其市场反应小于月公司评级和月行业评级均"净调高"组，本书限于篇幅此处没有报告。以上实证结果能够支持假设 H3a。虽然组合形成后第一个月的月公司评级和月行业评级均"净调高"组相比月一致公司评级水平和月一致行业评级水平均为"优"组，前者的市场反应更明显，结果能够支持假设 H3b，但是从组合形成后的第三个月起，结果不再支持假设 H3b。

表 4 – 22　　公司评级和行业评级联合组合形成后一年内的超常回报

	组合	1 个月	3 个月	6 个月	9 个月	12 个月
面板 A：月一致公司评级水平和月一致行业评级水平联合组合	公司行业均优	1.239 *** (2.68)	1.152 *** (3.63)	1.184 *** (3.56)	1.137 *** (2.70)	0.843 ** (2.25)
	公司行业均差	− 1.252 *** (− 2.71)	− 0.594 ** (− 2.52)	− 0.530 * (− 1.76)	− 0.526 * (− 1.69)	− 0.796 ** (− 2.48)
	套利组合	2.491 *** (3.60)	1.746 *** (4.49)	1.714 *** (4.32)	1.663 *** (3.68)	1.638 *** (4.16)
面板 B：月公司评级净变化和月行业评级净变化联合组合	公司行业均调高	2.306 *** (3.19)	1.066 * (1.70)	0.100 (0.16)	0.007 (0.01)	− 0.500 (− 0.92)
	公司行业均调低	− 2.021 (− 1.50)	− 0.973 * (− 1.83)	− 0.571 (− 0.94)	− 0.387 (− 0.66)	− 0.289 (− 0.47)
	套利组合	4.328 ** (2.63)	2.039 ** (2.26)	0.672 (0.71)	0.394 (0.39)	− 0.211 (− 0.27)

注：圆括号内为 t 值，*** 、** 、* 分别表示在1%、5%、10%的水平下显著。

　　分析师的公司评级和行业评级联合组合也许只是营造了暂时性的价格压力，如果是这样，带来的超常回报不会持续太久，长远看股价会向均值回归，以上的结果并没有发现股价明显均值回归的证据，证明公司评级和行业评级联合具有长久的信息效应。施蒂克尔（Stickel，1995）发现评级水平的不同带来长久性的信息影响，而评级变化的不同带来暂时性的信息影响。上文得出的公司评级水平和行业评级水平的联合组合比公司评级净变化与行业评级净变化的联合组合的信息影响更持久的结论与施蒂克尔（Stickel，1995）的结论是一致的。

4.8　基于规模分组的联合组合的市场反应

鉴于公司评级净变化和行业评级净变化联合组合的形成频率相对较低、样本较少，本书以下主要考虑月一致公司评级水平和月一致行业评级水平组合。

小公司相对于中型公司和大公司而言，可公开获取的信息较少，投资者对其不了解，所以一旦有评级，预期其股价对评级的反应会很强烈。而大公司代表着市场上更可观的投资机会，从前面的描述性统计可知分析师更喜欢跟进大公司。到底是小公司还是大公司的股价对分析师公司评级和行业评级联合组合的反应更强烈呢？

如表 4-23 所示，按规模分组后公司评级和行业评级联合组合仍然能带来显著的市场反应。从小公司、中公司到大公司，月一致公司评级水平和月一致行业评级水平均为"优"组经风险调整后的月超常回报均显著为正，呈现逐渐减少的趋势。从小公司、中公司到大公司，月一致公司评级水平为"优"组也有经风险调整后显著为正的月超常回报，只是其市场反应小于月一致公司评级水平和月一致行业评级水平均为"优"组合，本书限于篇幅没有报告，假设 H3a 能够得到支持。中公司组的月一致公司评级水平和月一致行业评级水平均为"差"联合组合比起大公司组，能带来更强的风险调整后的负向市场反应。总的来说规模小的公司的股价对公司评级和行业评级联合组合的反应更强烈，小公司组的公司评级和行业评级均为"差"联合组合带来的市场反应虽然为负但不显著，这是一个例外。正面和负面评级下市场不对称的反应与分析师普遍存在乐观偏差、做空限制下缺乏动力去收集负面信息有关。

表 4-23 不同规模公司的公司评级和行业评级联合组合的原始回报和超常回报

组合		原始回报	CAPM 截距	三因素模型截距	四因素模型截距
面板 A：小公司月一致公司评级水平和月一致行业评级水平联合组合	均为优	7.342 *** (4.14)	4.055 ** (2.53)	2.503 * (1.87)	2.491 * (1.85)
	均为差	5.114 *** (3.16)	1.704 (1.25)	-0.398 (-0.38)	-0.376 (-0.36)
	套利组合	2.228 (1.42)	2.351 (1.40)	2.901 (1.64)	2.867 (1.62)
面板 B：中公司月一致公司评级水平和月一致行业评级水平联合组合	均为优	3.606 *** (3.11)	2.074 *** (3.05)	1.327 ** (2.23)	1.193 ** (2.03)
	均为差	0.982 (0.77)	-0.550 (-0.63)	-2.146 *** (-3.12)	-2.164 *** (-3.11)
	套利组合	2.624 *** (2.78)	2.624 *** (2.74)	3.473 *** (3.76)	3.357 *** (3.62)
面板 C：大公司月一致公司评级水平和月一致行业评级水平联合组合	均为优	2.651 *** (2.64)	0.998 * (1.72)	1.079 * (1.94)	0.941 * (1.75)
	均为差	1.516 (1.15)	-0.629 (-0.89)	-1.350 ** (-2.04)	-1.356 ** (-2.03)
	套利组合	1.135 (1.16)	1.628 * (1.71)	2.429 *** (2.83)	2.297 *** (2.69)

注：圆括号内为 t 值，***、**、* 分别表示在 1%、5%、10% 的水平下显著。小、中、大公司的界定标准是在构建评级组合那个月的月末流通市值排后 30% 的为小公司、排中间 40% 的为中公司、排前 30% 的为大公司。

4.9 剔除动量后的联合组合的市场反应

分析师对于过去有高（低）回报率的行业倾向于给予乐观（悲观）的行业评级，对于过去有高（低）回报率的行业和个股倾向于给予乐观（悲观）的公司评级，可见分析师评级受行业动量和个股动量影响。参照卡丹等（Kadan et al.，2012）的方法，在表 4-24 中将过去 6 个月的个股（行业）回报率排前 15% 的股票划入高动量组合，过去 6 个月的个股（行业）回报率排后 15% 的股票划入低动量个股（行业）组合，得出组合的原始月均回报率和经风险调整后的月超常回报。表 4-24 面板 A 是高、低动量个股组合的原始回报和超常回报，可见高动量个股组合经风险调整后有显著的正向市场反应。面板 B 是高、低动量行业组合的原始回报和超常回报，高、低动量行业组合的月超常回报不显著。面板 C 表明月一致公司评级水平和月一致行业水平均为"优"（"差"）组剔除了高（低）动量的个股与行业后，经风险调整后依然有显著的正向（负向）的市场反应，说明分析师的公司评级与行业评级联合组合的信息含量并不依赖于行业动量和个股动量因素。

表 4 − 24　　动量组合和剔除动量后的联合组合的原始回报和超常回报

组合		原始回报	CAPM 截距	三因素模型截距	四因素模型截距
面板 A：基于个股动量的个股投资组合	高动量个股	3.218 *** (3.22)	1.280 *** (2.78)	0.484 * (1.74)	0.337 ** (2.05)
	低动量个股	3.122 *** (3.07)	1.190 ** (2.36)	0.045 (0.15)	0.163 (0.67)
	套利组合	0.096 (0.20)	0.090 (0.18)	0.439 (0.90)	0.174 (0.64)
面板 B：基于行业动量的行业投资组合	高动量行业	1.834 ** (1.99)	0.011 (0.03)	− 0.051 (− 0.12)	− 0.158 (− 0.37)
	低动量行业	2.034 *** (2.35)	0.290 (0.75)	− 0.137 (− 0.39)	− 0.031 (− 0.09)
	套利组合	− 0.200 (− 0.34)	− 0.278 (− 0.46)	0.086 (0.14)	− 0.127 (− 0.23)
面板 C：剔除动量个股、行业后的月一致公司评级水平和月一致行业水平联合组合	均为优（剔高动量）	3.291 *** (3.18)	1.762 *** (2.82)	1.501 *** (2.75)	1.460 *** (2.65)
	均为差（剔低动量）	1.619 (1.13)	− 0.380 (− 0.43)	− 1.617 ** (− 2.13)	− 1.774 ** (− 2.35)
	套利组合	1.672 (1.54)	2.143 ** (2.02)	3.118 *** (3.13)	3.234 *** (3.24)

注：圆括号内为 t 值，***、**、* 分别表示在 1%、5%、10% 的水平下显著。

此外无论高、低动量组前、后分位数划在 10% 或是 20%，结论都保持稳健。如果划在 25%、30%，则均为"优"（均为"差"）组合剔除了高（低）动量的个股与行业后，经风险调整后有显著的正向市场反应（不显著的负向反应）。

4.10 稳健性检验

构成每年的月一致公司（行业）评级水平组合若按前一年月一致公司（行业）评级水平分布的前、后 25% 分位数（前、后 30% 分位数）划分优、差水平，结论保持稳健。

构建月一致公司（行业）评级水平和变化组合以及相应的公司评级和行业评级联合组合时放松每个月至少要有两位分析师针对同一公司（行业）发布公司（行业）评级的要求，结论基本保持稳健。

构建月公司（行业）评级净变化组合以及相应的公司评级和行业评级联合组合时放松同一个月内同一公司（行业）至少有两位分析师的公司（行业）评级发生变化的要求，结论基本保持稳健。

以下构成月一致行业评级组合时按二级行业分类标准。此前按三级行业分类标准时剔除掉了不在三级行业指数里的三级行业，由于本书研究的是公司评级和行业评级联合的信息含量，这些三级行业内的公司也相应剔除。在采用二级行业分类标准后，不光行业分类有所不同，公司的构成也有一定变化，所以下面月一致公司评级水平组合的回报和前面有一定区别。

如表 4 - 25 所示，面板 A 月一致公司评级水平为"优"（"差"）组经三因素模型、四因素模型风险调整后有显著为正（负）的月超常回报，面板 B 月一致公司评级水平和月一致行业评级水平均为"优"（均为"差"）组经三因素模型、四因素模型风险调整后有更强的正向（负向）市场反应。月一致公司评级水平和月一致行业评级水平联合之后，相比单独依靠月一致公司评级水平产生了信息增量，结论能够支持假设 H3a。月一致行业评级水平组合的市场反应不显著，本书限于篇幅此处没有报告。面板 C 月一致公司评级水平和模拟月一致行业评级水平均为"优"组经风险调整后有显著正向市场反应，相比面板 A 月一致公司评级水平为"优"组有更高的投资价值。面板 B 月一致公司评级水平和月一致行业评级水平联合组合，相比面板 C 月一致公司评级水平和模拟月一致行业评级水平联合组合，市场反应更大。可见采用二级行业分类标准后，结论仍然保持稳健。

表 4-25　公司评级水平、公司与行业水平及公司与模拟行业水平联合组合的回报

组合		原始回报	CAPM 截距	三因素模型截距	四因素模型截距
面板 A：月一致公司评级水平组合	P1 (优)	3.188 *** (3.59)	1.361 *** (3.63)	0.997 *** (4.07)	0.935 *** (4.11)
	P5 (差)	1.663 * (1.72)	-0.317 (-0.80)	-1.161 *** (-4.46)	-1.165 *** (-4.45)
	套利组合	1.526 *** (4.11)	1.678 *** (4.54)	2.158 *** (6.67)	2.100 *** (6.71)
面板 B：月一致公司评级水平和月一致行业评级水平联合组合	公司行业均优	3.317 *** (3.19)	1.585 ** (2.38)	1.488 *** (2.68)	1.323 ** (2.49)
	公司优行业差	1.976 * (1.92)	0.007 (0.01)	-0.183 (-0.47)	-0.282 (-0.75)
	公司差行业优	1.896 (1.42)	0.210 (0.22)	-0.286 (-0.34)	-0.359 (-0.42)
	公司行业均差	1.268 (1.08)	-0.824 (-1.31)	-1.465 *** (-2.89)	-1.397 *** (-2.76)
	套利组合	2.049 ** (2.50)	2.410 *** (2.96)	2.953 *** (3.85)	2.720 *** (3.71)
面板 C：月一致公司评级水平和模拟的月一致行业评级水平联合组合	公司行业均优	2.991 ** (2.17)	1.931 ** (2.51)	1.342 ** (2.23)	1.264 ** (2.19)
	公司优行业差	2.098 (1.53)	0.866 (1.11)	0.807 (0.94)	0.719 (0.85)
	公司差行业优	3.028 * (1.90)	1.443 (1.43)	-0.193 (-0.25)	-0.230 (-0.30)
	公司行业均差	1.058 (0.81)	0.128 (0.15)	-1.034 (-1.20)	-0.974 (-1.13)
	套利组合	1.934 * (1.70)	1.802 (1.59)	2.376 ** (2.24)	2.238 ** (2.21)

注：圆括号内为 t 值，***、**、* 分别表示在 1%、5%、10% 的水平下显著。

　　如表 4-26 所示，面板 B 月公司评级和月行业评级均"净调高"组比起面板 A 月公司评级"净调高"组有经风险调整后的更强的正向市场反应。可见月公司评级和月行业评级均"净调高"联合，相比单独依靠月公司评级"净调高"产生了信息增量，结论能够支持假设 H3a。月行业评级"净调高"组的市场反应不显著，本书限于篇幅此处没有报告。面板 C 月

公司评级和模拟月行业评级均"净调高"组相比面板 A 月公司评级"净调高"组投资价值更高。面板 B 月公司评级和月行业评级均"净调高"组，相比面板 C 月公司评级和模拟月行业评级均"净调高"组，市场反应更大。可见采用二级行业分类标准后结论保持稳健。

表 4 - 26　公司评级净变化、公司与行业及公司与模拟行业净变化联合组合的回报

组合		原始回报	CAPM 截距	三因素模型截距	四因素模型截距
面板 A：月公司评级净变化组合	净调高	3.793 *** (3.93)	2.017 *** (3.89)	1.428 *** (3.05)	1.301 *** (2.90)
	净调低	1.604 (1.63)	− 0.289 (− 0.66)	− 0.350 (− 0.77)	− 0.410 (− 0.90)
	套利组合	2.189 *** (3.61)	2.306 *** (3.75)	1.778 *** (2.86)	1.710 *** (2.75)
面板 B：月公司评级净变化和月行业净评级变化联合组合	公司行业均调高	4.451 *** (3.86)	2.504 *** (3.18)	2.126 ** (2.64)	2.075 ** (2.56)
	公司调高行业调低	2.155 (1.65)	0.971 (1.27)	0.651 (0.80)	0.644 (0.79)
	公司调低行业调高	3.191 ** (2.20)	0.692 (0.80)	0.690 (0.73)	0.639 (0.66)
	公司行业均调低	1.128 (0.72)	− 1.473 (− 1.39)	− 1.679 (− 1.47)	− 1.818 (− 1.59)
	套利组合	3.322 ** (2.34)	3.977 *** (2.79)	3.805 ** (2.52)	3.893 ** (2.56)
面板 C：月公司评级净变化和由公司评级模拟的月行业评级净变化联合组合	公司行业均调高	4.113 *** (3.20)	2.378 *** (2.92)	1.933 ** (2.58)	1.563 ** (2.30)
	公司调高行业调低	1.818 (1.28)	0.012 (0.01)	0.329 (0.31)	0.437 (0.41)
	公司调低行业调高	1.883 (1.35)	− 0.834 (− 0.94)	− 0.659 (− 0.70)	− 0.703 (− 0.74)
	公司行业均调低	1.305 (1.04)	− 0.564 (− 0.93)	− 0.972 * (− 1.71)	− 0.936 (− 1.62)
	套利组合	2.809 *** (3.10)	2.942 *** (3.19)	2.905 *** (2.97)	2.499 *** (2.71)

注：圆括号内为 t 值，***、**、* 分别表示在 1%、5%、10% 的水平下显著。

4.11　本章小结

本章实证研究了 Wind 数据库 2004～2015 年的行业评级和公司评级数据，发现公司评级和行业评级均存在较强的乐观偏差。月一致公司评级水平、月一致公司评级变化、月公司评级净变化能带来显著的市场反应。不同的评级水平与评级变化引起的正向和负向市场反应并不对称，这和我国分析师评级普遍存在强烈乐观偏差、分析师单方面重视正面评级有关。鉴于我国存在卖空限制，只有融券标的股票可以做空，而融券标的股票很少，做空和套利基本上只存在理论上的可能，做多是投资者最现实的选择。从"优"公司评级方面看，月公司评级"净调高"组合的市场反应比月一致公司评级水平为"优"组合要大，月一致公司评级水平为"优"组合的市场反应比月一致公司评级"调高到优"组合要大。月一致公司评级变化是指多位分析师针对同一公司的月一致公司评级水平（评级均值）的变化。构成月一致公司评级变化的前后评级可能是不同的分析师所为，或许仅反映了不同分析师的意见分歧，未必反映新的信息。月公司评级净变化是指多位分析师针对同一公司的月公司评级变化的合计。月公司评级净变化中所包含的每一个公司评级变化都是同一分析师对同一公司的评级发生改变，很可能有新的信息，分析师的观点才会改变。此处"优"公司评级方面的实证结果为这一说法提供了佐证。

仅从月一致行业评级水平组合、月一致行业评级变化组合、月行业评级净变化组合带来的未来行业超常回报来看，行业评级的市场反应并不显著，这和行业评级缺乏信息优势有一定关系。一个行业里面公司良莠不齐，即使行业不错也不敢保证行业回报率一定为正。

月一致公司评级水平和月一致行业评级水平均为"优"（均为"差"）联合、月公司评级和月行业评级均"净调高"联合能带来下一个月经风险调整后显著的正向（负向）的市场反应。公司评级和行业评级信息的联合能带来比单独考虑公司评级或行业评级策略更强的市场反应，说明行业评级的信息并非没有价值，其信息在和公司评级联合时发挥了作用，公司评级和行业评级的信息联合产生了增量信息。结果也说明即使我国大多数券商的公司评级基准采用市场基准，公司评级中也并没有包含足够的市场层面和行业层面的信息。这表明仅依靠公司评级不够，必须要联合行业评级的信息，才能为投资者带来更高的投资价值。

月公司评级和月行业评级均"净调高"联合相比月一致公司评级水平和月一致行业评级水平均为"优"联合，前者的形成频率低 30% 左右，超常回报却高 90% 左右。"优"公司评级联合"差"行业评级（"差"公司评级联合"优"行业评级）带来的超常回报有正有负，均不显著。这说明在公司评级和行业评级评价相反的时候构建这二者的联合组合，评级的信息含量被抵消掉了。

月一致公司评级变化的信息和月一致行业评级变化的信息联合，并未带来显著的超常回报，比起单独考虑公司评级或行业评级策略也没有产生增量的信息。月一致行业评级变化比起月一致公司评级变化，更有可能由不同分析师的评级构成，评级的变化很可能只代表着不同分析师的意见分歧，不一定包含新的信息。结论表明分析师月一致评级公司评级变化和月一致行业评级变化联合组合的市场反应并不显著。

由公司评级模拟的月一致行业评级水平、由公司评级模拟的月一致行业评级变化和由公司评级模拟的月行业评级净变化带来的经风险调整后的月超常回报不显著。仅从模拟月行业评级组合带来的未来行业超常回报来看，模拟月行业评级的市场反应并不显著。月一致公司评级和模拟月一致行业评级均为"优"联合、月公司评级和模拟月行业评级均"净调高"联合能产生更高的投资价值，但总的来说不如公司评级和真实的行业评级联合产生的投资价值高。月一致公司评级和模拟月一致行业评级均为"差"联合、月一致公司评级变化和模拟月一致行业评级变化联合、月公司评级和模拟月行业评级均"净调低"联合的市场反应不显著。从模拟行业评级和公司评级联合所起的作用可以推断，模拟行业评级具有一定的信息价值，但不如真实行业评级的信息价值高，模拟行业评级并不能取代真实行业评级的位置。

月一致公司评级水平和月一致行业评级水平均为"优"（"差"）组在组合形成后 1 个、3 个、6 个、9 个、12 个月内有显著为正（负）的经风险调整后的月均超常回报。月公司评级和月行业评级均"净调高"("净调低")组在组合形成后 3 个月内有显著为正(负)的经风险调整后的月均超常回报。股价并没有出现明显均值回归的证据,说明评级组合并不是仅营造了暂时的价格压力。

大体来说规模小的公司的股价对月一致公司评级水平和月一致行业评级水平联合的反应更强烈,而小公司组的月一致公司评级水平和月一致行业评级水平均为"差"联合带来的超常回报虽然为负但不显著,这个例外与分析师普遍存在乐观偏差、做空限制下分析师缺乏动力去收集负面信息有关。

月一致公司评级水平和月一致行业水平均为"优"("差")组剔除了高(低)动量的个股与行业后,经风险调整后依然有显著为正(负)的超常回报,说明分析师的公司评级与行业评级联合组合的信息含量并不依赖于行业动量和个股动量因素。

稳健性检验部分,按不同的分位数划分"优""差"评级水平,结论保持稳健。放松每个月构成组合的分析师人数要求,结论基本保持稳健。按二级行业分类标准下,结论依然保持稳健。

第 5 章

几种因素影响下评级的信息含量

鉴于月一致公司评级变化和月一致行业评级变化联合的市场反应不显著，月公司评级净变化和月行业评级净变化联合的样本量有限，本章仅考察月一致公司评级水平和月一致行业评级水平的联合。本章构建各种因素影响下的月一致公司评级水平和月一致行业评级水平联合组合时，按三级行业分类标准。

5.1 承销关系影响下公司评级和行业评级联合的信息含量

全样本期为 2004 年 8 月 1 日～2015 年 12 月 31 日。行业评级和公司评级的样本期为 2004 年 8 月 1 日～2015 年 11 月 30 日，考察 2005～2015 年承销商分析师和非承销商分析师月一致公司评级水平和月一致行业评级水平联合组合经风险调整后的月超常回报。为避免陈旧数据的影响，此处被评级公司的样本仅包含在 2004～2015 年有新股上市、增发股票、配股的公司。鉴于有承销关系的分析师和无承销关系的分析师的样本个数相差较大，直接分组进行回归，会使估计参数的方差过大，因此采取配对样本法，必须满足有承销关系的分析师和无承销关系的分析师都对公司进行了评级这一前提。一旦分析师所属的券商在被评级公司首发、增发、配股中担任主承销商，则在当年和之后年度分析师进入承销商分析师组；若分析师没有在被评级公司首发、增发、配股中担任主承销商，则在当年和之后年度分析师进入非承销商分析师组。构建承销商分析师（非承销商分析师）月一致公司评级水平和月一致行业评级水平联合组合的方法同3.6.1节构建月一致公司评级水平和月一致行业评级水平联合组合的方法一样，只是此时前一年承销商分析师（非承销商分析师）月一致评级分布的20%、80%分位数成为后一年承销商分析师（非承销商分析师）月一致评级水平"优""差"分组的标准。

5.1.1 描述性统计

如表5-1所示，承销商分析师组的月一致公司评级和月一致行业评级的均值及各分位数水平总体而言都低于非承销商分析师组，体现出承销商分析师组的月一致公司评级和月一致行业评级更为乐观的倾向。

表5-1　　承销商分析师组和非承销商分析师组评级的描述性统计

变量	样本数	均值	25%分位	中位数	75%分位	标准差
承销商组月一致公司评级	1303	1.393	1	1	2	0.592
非承销商组月一致公司评级	37497	1.649	1.333	1.533	2	0.487
承销商组月一致行业评级	347	1.230	1	1	1.444	0.378
非承销商组月一致行业评级	4079	1.303	1	1.231	1.500	0.301

以下通过对承销商分析师组和非承销商分析师组的月一致评级进行均值差异的t检验和中位数差异的Wilcoxon秩和检验，以判别两组的均值和中位数是否存在显著差异。

鉴于承销商分析师组和非承销商分析师组样本数差异极大，在对承销商分析师组和非承销商分析师组进行月一致评级均值差异t检验时放松了二者在评级上的分布具有同方差的假设。表5-2中承销商分析师组的月一致公司评级均值为1.393，非承销商分析师组的月一致公司评级均值为1.649，月一致公司评级均值差异t检验的结果15.399显示二者的月一致公司评级的均值具有显著差异，承销商分析师组更为乐观。承销商分析师组的月一致公司评级中位数为1，非承销商分析师组的月一致公司评级中位数为 1.533，组间差异的 Mann – Whitney 检验（也称作 Wilcoxon 秩和检验）结果 z 值为 22.124，这表明可以拒绝二者中位数相等的假设，承销商分析师组表现出明显更强的乐观倾向。承销商分析师组的月一致行业评级均值为 1.230，非承销商分析师组的月一致行业评级均值为 1.303，月一致行业评级均值差异 t 检验的结果 3.496 显示二者的均值具有显著差异，承销商分析师组更为乐观。承销商分析师组的月一致行业评级中位数为 1，非承销商分析师组的月一致行业评级中位数为 1.231，Wilcoxon 秩和检验结果 z 值为 9.382 表明可以拒绝二者中位数相等的假设，仍然是承销商分析师组更为乐观。

表 5 – 2　　　承销商分析师组和非承销商分析师组评级差异的 t 检验和 Wilcoxon 秩和检验

组合	承销商组	非承销商组	t 值	z 值
月一致公司评级	1 （1.393）	1.533 （1.649）	15.399	22.124
月一致行业评级	1 （1.230）	1.231 （1.303）	3.496	9.382

注：括号外为中位数，括号内为均。右边两列分别为 t 检验的值和 Wilcoxon 秩和检验的 z 值。

如表 5 – 3 所示，承销商组月一致公司评级水平和月一致行业评级水平均为"优"组合，相比非承销商组的相应组合，月一致行业评级均值和月一致公司评级均值都更为乐观。承销商组月一致公司评级水平和月一致行业评级水平均为"差"组合，相比非承销商组的相应组合，月一致行业评级均值的乐观程度有所不如，月一致公司评级均值更为乐观。

表 5 – 3　　　承销商组和非承销商组月一致公司评级和月一致行业评级联合组合的描述性统计

评级组合	组合月数	一致行业评级均值	一致公司评级均值	月均行业	月均公司
承销商组公司行业均优	84	1.000	1.006	4.630	7.421
非承销商组公司行业均优	120	1.024	1.171	9.482	36.920

续表

评级组合	组合月数	一致行业评级均值	一致公司评级均值	月均行业	月均公司
承销商组公司行业均差	36	1.809	2.295	1.409	1.600
非承销商组公司行业均差	114	1.659	2.313	6.619	48.473

5.1.2　承销关系影响下公司评级和行业评级联合的市场反应

如表 5 - 4 面板 A 所示，承销商分析师月一致公司评级水平和月一致行业评级水平均为"优"组经风险调整后的月超常回报不为正也不显著，均为"差"组经风险调整后的月超常回报虽为负但不显著。如表 5 - 4 面板 B 所示，非承销商分析师月一致公司评级水平和月一致行业评级水平均为"优"（均为"差"）联合组合经风险调整后有显著的正向（负向）市场反应。承销商分析师的月一致公司评级和月一致行业评级的乐观程度更高，其月一致公司评级水平和月一致行业评级水平联合组合的市场反应不显著，可见利益冲突关系导致的较强乐观偏差影响到评级的信息含量。非承销商分析师月一致公司评级水平和月一致行业评级水平联合组合的市场反应比 4.4 节所有分析师月一致公司评级水平和月一致行业评级水平联合组合的市场反应要大得多。可见剔除承销关系影响后的分析师的月一致公司评级水平和月一致行业评级水平联合组合的信息含量提高了，能够带给投资者更高的投资价值。

表 5 - 4　　　　承销商分析师组和非承销商分析师组公司评级
和行业评级联合组合的回报

组合		原始回报	CAPM 截距	三因素模型截距	四因素模型截距
面板 A：承销商分析师组月一致公司评级水平和月一致行业评级水平联合组合	公司行业均优	3.036 (1.49)	-0.353 (-0.21)	-0.537 (-0.32)	-0.859 (-0.51)
	公司行业均差	2.325 (0.78)	-1.563 (-0.56)	-2.322 (-0.82)	-2.938 (-1.05)
	套利组合	0.711 (0.21)	1.210 (0.33)	1.785 (0.50)	2.079 (0.57)

续表

组合		原始回报	CAPM 截距	三因素模型截距	四因素模型截距
面板 B：非承销商分析师组月一致公司评级水平和月一致行业评级水平联合组合	公司行业均优	4.398 *** (4.25)	2.387 *** (3.79)	1.979 *** (4.06)	1.917 *** (4.10)
	公司行业均差	1.485 (1.27)	−0.734 (−1.00)	−1.846 *** (−3.40)	−1.801 *** (−3.36)
	套利组合	2.913 *** (3.36)	3.121 *** (3.53)	3.825 *** (4.76)	3.718 *** (4.84)

注：圆括号内为 t 值，*** 表示在 1% 的水平下显著。

5.1.3　承销商分析师组和非承销商分析师组的信息含量差异检验

为了检验承销商分析师、非承销商分析师的月一致公司评级水平和月一致行业评级水平均为"优"（均为'差'）组的信息含量有无显著区别，在 Fama – French 三因子模型和 Carhart 四因子模型中分别引入承销商虚拟变量 UW，为承销商分析师时取 1，为非承销商分析师时取 0。

$$R_{pt} - R_{ft} = \alpha_p + \lambda_p UW + \beta_p(R_{mt} - R_{ft}) + s_p SMB_t + h_p HML_t + \varepsilon_{pt} \qquad (5-1)$$

$$R_{pt} - R_{ft} = \alpha_p + \lambda_p UW + \beta_p(R_{mt} - R_{ft}) + s_p SMB_t + h_p HML_t + p_p UMD_t + \varepsilon_{pt}$$
$$(5-2)$$

如表 5 – 5 所示，在面板 A 月一致公司评级水平和月一致行业评级水平均为"优"样本中，承销商虚拟变量 UW 在三因素模型和四因素模型下的回归系数分别为 −0.028 和 −0.032，均为显著。说明承销商分析师的均为"优"组和非承销商分析师的均为"优"组在信息含量上有显著差异，后者更有信息含量，更能带来下一个月的显著为正的月超常回报。

表 5 – 5　　承销商分析师组和非承销商分析师组的信息含量差异检验

面板 A：月一致公司评级水平和月一致行业评级水平均为优组合	模型	截距	UW	$R_{mt} - R_{ft}$	SMB_t	HML_t	UMD_t	Adj – R^2
	三因素模型	0.020 *** (3.47)	−0.028 ** (−2.45)	1.000 *** (16.31)	0.185 (1.59)	−0.894 *** (−6.12)	—	71.61%
	四因素模型	0.020 *** (3.52)	−0.032 *** (−2.86)	0.986 *** (16.52)	0.244 ** (2.13)	−0.641 *** (−3.89)	0.336 *** (3.00)	73.25%

	模型	截距	UW	$R_{mt} - R_{ft}$	SMB_t	HML_t	UMD_t	$Adj - R^2$
面板 B：月一致公司评级水平和月一致行业评级水平均为差组合	三因素模型	-0.017 * (-1.90)	-0.010 (-0.58)	0.931 *** (10.01)	0.970 *** (5.50)	0.545 ** (2.46)	—	56.96%
	四因素模型	-0.017 * (-1.88)	-0.010 (-0.55)	0.933 *** (9.97)	0.962 *** (5.35)	0.511 * (1.98)	-0.045 (-0.26)	56.65%

注：圆括号内为 t 值，***、**、*分别表示在 1%、5%、10% 的水平下显著。

在表 5 - 5 面板 B 月一致公司评级和月一致行业评级均为"差"样本中，承销商虚拟变量 UW 在三因素模型和四因素模型下的回归系数均不显著。说明承销商分析师的均为"差"组和非承销商分析师的均为"差"组在信息含量上无显著差异，在带来下一个月的月超常回报的能力上没有显著区别。在正面评级和负面评级下市场非对称的反应和卖空限制下分析师更注重正面评级有关。

总之，承销关系对分析师评级的信息含量存在影响。剔除承销关系后，非承销商分析师的月一致公司评级和月一致行业评级的联合组合带来的市场反应比全体分析师更大。非承销商分析师的月一致公司评级和月一致行业评级均为"优"联合组合比承销商分析师的相应组合具有显著更高的信息含量。

5.2　声誉影响下公司评级和行业评级联合的信息含量

声誉在约束分析师的利益冲突行为、保护投资者利益、促使信息有效传播、提高资本市场定价效率等方面意义重大。马塞（Macey，2013）指出收集信息的成本下降使得人们更重视个人声誉而非机构声誉。在我国股市上投资者对分析师声誉的关注程度也高于对券商声誉的关注程度。因此本节侧重考察分析师声誉对分析师月一致公司评级水平和月一致行业评级水平联合组合的信息含量的影响。

5.2.1　分析师声誉的界定

本节采用《新财富》"最佳分析师"排名作为分析师的声誉代理变量。鉴于《新财富》奖项在年底评出，如果在评奖当年研究声誉对评级信息含量的影响，会混淆因果关系，以果为因；如果在评奖两年之后研究，奖项有过时之虞。因此本节将在上一年获评（没有获评）《新财富》"最佳分析师"前五名的分析师界定为最佳分析师（非最佳分析师），每年重新界定一次。

全样本期为 2004 年 8 月 1 日～2015 年 12 月 31 日。公司评级和行业评级的样本期为 2004 年 8 月 1 日～2015 年 11 月 30 日，采用《新财富》杂志第二届到第十二届（2004～2014 年）的"最佳分析师"榜单。考察 2005～2015 年不同声誉的分析师组月一致公司评级水平和月一致行业评级水平联合组合的信息含量。构建最佳分析师组（非最佳分析师组）月一致公司评级水平和月一致行业评级水平联合组合的方法同 3.6.1 节构建月一致公司评级水平和月一致行业评级水平联合组合的方法一样，只是此时前一年最佳分析师（非最佳分析师）月一致评级分布的 20%、80% 分位数分别成为后一年最佳分析师（非最佳分析师）月一致评级水平"优""差"分组的标准。

5.2.2　描述性统计

如表 5-6 所示，从月一致行业评级和月一致公司评级的均值和各分位数水平来看，总体而言最佳分析师比非最佳分析师都显示出更强的乐观倾向。分析师声誉来自基金经理的打分，获奖分析师的薪酬将得到极大的提升，因此分析师有动机对基金重仓股给出更具乐观倾向的评级。

表 5 – 6 **最佳分析师和非最佳分析师月一致公司评级**
与月一致行业评级的描述性统计

变量	样本数	均值	25% 分位	中位数	75% 分位	标准差
最佳分析师月一致公司评级	16527	1.628	1	1.500	2	0.600
非最佳分析师月一致公司评级	50273	1.783	1.400	1.667	2	0.565
最佳分析师月一致行业评级	3633	1.197	1	1	1.333	0.281
非最佳分析师月一致行业评级	5247	1.364	1.140	1.325	1.519	0.290

对最佳分析师和非最佳分析师进行月一致评级均值差异 t 检验时放松了二者的月一致评级在评级的分布上具有同方差的假设。如表 5 – 7 所示,最佳分析师的月一致公司评级和非最佳分析师的月一致公司评级均值差异 t 检验的值为 29.210,说明二者具有显著差异,最佳分析师的月一致公司评级更乐观。最佳分析师和非最佳分析师月一致公司评级组间差异的 Wilcoxon 秩和检验 z 值为 34.208,说明可以拒绝二者中位数相等的假设,最佳分析师的月一致公司评级更乐观。

表 5 – 7 **最佳分析师和非最佳分析师评级差异的 t 检验和 Wilcoxon 秩和检验**

变量	最佳分析师	非最佳分析师	t 值	z 值
月一致公司评级	1.500 (1.628)	1.667 (1.783)	29.210	34.208
月一致行业评级	1 (1.197)	1.325 (1.364)	27.071	32.382

注:括号外为中位数,括号内为均值。右边两列分别为 t 检验值和 Wilcoxon 秩和检验的 z 值。

如表 5 – 7 所示,最佳分析师的月一致行业评级和非最佳分析师的月一致行业评级均值差异 t 检验的值为 27.071,说明二者具有显著差异,最佳分析师的月一致行业评级更乐观。最佳分析师和非最佳分析师月一致行业评级组间差异的 Wilcoxon 秩和检验的 z 值为 32.382,说明可以拒绝二者中位数相等的假设,最佳分析师的月一致行业评级更乐观。

如表 5 – 8 所示，最佳分析师的月一致公司评级水平和月一致行业评级水平均为"优"组比非最佳分析师的相应组合，不管是月一致行业评级均值还是月一致公司评级均值都更乐观。最佳分析师的月一致公司评级水平和月一致行业评级水平均为"差"组比起非最佳分析师的相应组合，不管是月一致行业评级均值还是月一致公司评级均值也都更乐观。

表 5 – 8　最佳分析师和非最佳分析师公司评级和行业评级联合组合的描述性统计

评级组合	组合月数	一致行业评级均值	一致公司评级均值	月均行业	月均公司
最佳分析师公司行业均优	118	1.000	1.056	13.234	51.058
非最佳分析师公司行业均优	128	1.126	1.363	8.650	51.622
最佳分析师公司行业均差	88	1.610	2.253	4.202	20.802
非最佳分析师公司行业均差	116	1.795	2.526	8.063	42.154

5.2.3　声誉影响下公司评级和行业评级联合的市场反应

如表 5 – 9 面板 A、面板 B 所示，非最佳分析师的月一致公司评级水平和月一致行业评级水平均为"优"组带来的经风险调整后的正向市场反应比最佳分析师组大。最佳分析师和为其打分的基金经理之间的利益关系使其倾向于为基金重仓股说好话，这导致其公司评级和行业评级容易出现更强的乐观偏差，影响到评级的信息含量，以致最佳分析师的月一致公司评级水平和月一致行业评级水平均为"优"组合的市场反应并不显著。最佳分析师的均为"差"组带来的经风险调整后的负向市场反应比非最佳分析师组大。市场不重视最佳分析师"看多"的声音与最佳分析师容易采取利益冲突行为有关，但是最佳分析师的研究实力毕竟还是客观存在的，当最佳分析师"看空"的时候，市场重视最佳分析师的评级。

表 5 - 9　　声誉影响下公司评级和行业评级联合组合的原始回报和超常回报

组合		原始回报	CAPM 截距	三因素模型截距	四因素模型截距
面板 A：最佳分析师月一致公司评级水平和月一致行业评级水平联合组合	公司行业均优	2.515 ** (2.30)	0.977 (1.19)	0.443 (0.59)	0.424 (0.58)
	公司行业均差	0.766 (0.64)	-1.212 * (-1.80)	-1.611 ** (-2.43)	-1.605 ** (-2.42)
	套利组合	1.750 ** (2.12)	2.189 *** (2.71)	2.054 ** (2.39)	2.029 ** (2.44)
面板 B：非最佳分析师月一致公司评级水平和月一致行业评级水平联合组合	公司行业均优	3.256 *** (3.47)	1.633 *** (3.01)	1.215 *** (2.87)	1.170 *** (2.87)
	公司行业均差	1.508 (1.45)	-0.354 (-0.67)	-1.230 *** (-2.83)	-1.226 *** (-2.81)
	套利组合	1.748 ** (2.53)	1.988 *** (2.88)	2.446 *** (3.74)	2.396 *** (3.72)

注：圆括号内为 t 值，*** 、** 、* 分别表示在 1% 、5% 、10% 的水平下显著。

5.2.4　最佳分析师组和非最佳分析师组的信息含量差异检验

为了检验最佳分析师、非最佳分析师的月一致公司评级水平和月一致行业评级水平均为"优"（均为"差"）组的信息含量有无显著区别，在 Fama - French 三因素模型和 Carhart 四因素模型中分别引入最佳分析师虚拟变量 BA，为最佳分析师时取 1，为非最佳分析师时取 0。

$$R_{pt} - R_{ft} = \alpha_p + \lambda_p BA + \beta_p (R_{mt} - R_{ft}) + s_p SMB_t + h_p HML_t + \varepsilon_{pt} \quad (5-3)$$

$$R_{pt} - R_{ft} = \alpha_p + \lambda_p BA + \beta_p (R_{mt} - R_{ft}) + s_p SMB_t + h_p HML_t + p_p UMD_t + \varepsilon_{pt}$$

$$(5-4)$$

如表 5 - 10 所示，在面板 A 月一致公司评级和月一致行业评级均为"优"样本中，最佳分析师虚拟变量 BA 在三因素模型和四因素模型下的回归系数为负，虽然在 10% 的显著性水平下不显著，但已经非常接近 10% 的显著性水平。可见虽然最佳分析师的均为"优"联合组合比非最佳分析师的均为"优"联合组合的信息含量看起来要差一些，但差异在统计上并不显著。在面板 B 月一致公司评级和月一致行业评级均为"差"样本中，最佳分析师虚拟变量 BA 在三因素模型和四因素模型下的回归系数均为负，仍然在 10% 的显著性水平下不显著，但也非常接近 10% 的显著性水平。可见虽然最佳分析师的均为"差"联合组合比非最佳分析师的均为"差"联合组合看起来更有信息含量，但信息含量的差异在统计上并不显著。

表 5 - 10　　　最佳分析师组和非最佳分析师组的信息含量差异检验

组合	模型	截距	BA	$R_{mt} - R_{ft}$	SMB_t	HML_t	UMD_t	Adj - R^2
面板 A：月一致公司评级水平和月一致行业评级水平均为优	三因素模型	0.014 *** (2.73)	-0.012 (-1.62)	0.876 *** (19.80)	0.221 ** (2.34)	-0.867 *** (-7.36)	—	73.04%
	四因素模型	0.013 *** (2.73)	-0.012 (-1.65)	0.871 *** (20.31)	0.287 *** (3.08)	-0.648 *** (-5.03)	0.295 *** (3.65)	74.70%
面板 B：月一致公司评级水平和月一致行业评级水平均为差	三因素模型	-0.010 ** (-2.08)	-0.011 (-1.55)	1.004 *** (23.40)	0.541 *** (5.92)	-0.137 (-1.20)	—	79.19%
	四因素模型	-0.010 ** (-2.06)	-0.011 (-1.55)	1.005 *** (23.40)	0.527 *** (5.64)	-0.186 (-1.44)	-0.066 (-0.81)	79.16%

注：圆括号内为 t 值，***、**、* 分别表示在 1%、5%、10% 的水平下显著。

　　总之，分析师声誉对分析师评级的信息含量并不存在统计上显著的影响。虽然非最佳分析师（最佳分析师）的月一致公司评级和月一致行业评级均为"优"（均为"差"）联合组合的正向（负向）市场反应显得比最佳分析师（非最佳分析师）的更大，但是统计检验发现二者的信息含量并不具有显著差异，不过非常接近 10% 的显著性水平。

　　《新财富》的"最佳分析师"评选赋予的分析师声誉只在"看空"方面表现不错，在"看多"方面表现不佳。反而是不具备声誉的分析师的评级能够引起市场正常的反应。可见如果最佳分析师只管采取利益冲突行为迎合基金经理，其"看多"声音会被市场忽视，而在存在做空限制的情况下，其"看空"声音意义也不大。最终"最佳分析师"评选有可能失去公信力和社会影响力。声誉机制失效，市场有待形成更为有效的声誉机制以及对不注重声誉行为的惩罚机制。归根到底，资本市场成功运行有赖于健全的法律体系和严格的监管体系发挥作用。

5.3　牛市、熊市下公司评级和行业评级联合的信息含量

本节侧重考察牛市、熊市不同市场环境对分析师月一致公司评级水平和月一致行业评级水平联合组合信息含量的影响。在我国牛市、熊市不同的市场环境下投资者的交易活跃度差别较大，牛市时，市场上交易活跃、信息较多，但也有较多噪声，分析师评级信息有可能淹没在市场众多的信息当中；熊市时，市场上交易萎靡、信息较少，投资者的决策有可能基于相同的信息，分析师评级的信息相对牛市而言更容易被投资者注意到。

5.3.1　牛市、熊市划分

本书采用市场平均收益判别法判别牛熊市态。法博齐和弗朗西斯（Fabozzi & Francis，1977）采取按市场平均收益为正还是负作为判别"牛市"和"熊市"的标准。林达尔·史蒂文斯（Lindahl Stevens，1980）将上述方法作了修正，按市场平均收益与无风险利率之差为正还是负作为判别"牛市"和"熊市"的标准。许年行等（2012）判别牛熊市时采用了林达尔·史蒂文斯的方法，他们以上证综指收益率代表市场平均收益率，以一年期银行存款利率代表无风险利率。

鉴于本书的研究目的，不管是采用法博齐和弗朗西斯的方法还是林达尔·史蒂文斯的方法，区别甚微。巴伯等（Barber et al.，2001）研究公司评级信息含量的文章中，以 CRSP 价值加权的市场指数回报率的正负作为牛市月份或熊市月份的判别标准。本书借鉴巴伯等的做法，以 CSMAR 数据库的沪深综合月市场月回报率（包含沪深 A 股和创业板）正负的不同判别所在的月属于牛市还是熊市。

5.3.2　牛市、熊市下各种评级组合的描述性统计

如表 5 - 11 所示，熊市下月一致公司评级的均值和中位数都低于牛市下，而牛市下月一致行业评级的均值和中位数都低于熊市下。可见熊市下月一致公司评级更具乐观倾向，牛市下月一致行业评级更具乐观倾向。

表 5 -11　牛市、熊市月一致公司评级与月一致行业评级的描述性统计

变量	样本数	均值	25% 分位	中位数	75% 分位	标准差
牛市月一致公司评级	34172	1.783	1.333	1.667	2	0.574
熊市月一致公司评级	23471	1.714	1.333	1.625	2	0.529
牛市月一致行业评级	3154	1.336	1.124	1.286	1.500	0.279
熊市月一致行业评级	2251	1.356	1.131	1.300	1.500	0.294

鉴于牛市、熊市样本数存在一定差异，表 5 - 12 在进行均值差异 t 检验时放松了二者在评级上的分布具有同方差的假设。牛市的月一致公司评级均值为 1.783，熊市的月一致公司评级均值为 1.714，月一致公司评级均值差异 t 检验的结果为 - 14.721，显示二者的均值具有显著差异，熊市的月一致公司评级更乐观。牛市的月一致公司评级中位数为 1.667，熊市的月一致公司评级中位数为 1.625，Wilcoxon 秩和检验的结果 z 值为 - 13.082，表明可以拒绝二者中位数相等的假设，熊市的月一致公司评级更乐观。

如表 5 - 12 所示，牛市的月一致行业评级均值为 1.336，熊市的月一致行业评级均值为 1.356，月一致行业评级均值差异 t 检验的结果为 2.458，显示二者的均值在 5% 的水平下具有显著差异，牛市的月一致行业评级更乐观。牛市的月一致行业评级中位数为 1.286，熊市的月一致行业评级中位数为 1.300，Wilcoxon 秩和检验的结果 z 值为 1.989，表明可以在 5% 水平下拒绝二者中位数相等的假设，牛市的月一致行业评级更乐观。出现以上情况的可能原因是熊市弥漫的悲观气氛使得分析师的行业评级的乐观程度不如牛市，然而熊市下公司已经经不起进一步的打击，在做空限制的背景下发布负面评级的意义也不大，不如提振士气。所以熊市下公司评级的乐观程度反而更大一些。

表 5 – 12   牛市、熊市公司评级和行业评级差异的 t 检验和 Wilcoxon 秩和检验

变量	牛市	熊市	t 值	z 值
月一致公司评级	1.667 (1.783)	1.625 (1.714)	−14.721	−13.082
月一致行业评级	1.286 (1.336)	1.300 (1.356)	2.458	1.989

注：括号外为中位数，括号内为均值。右边两列分别为 t 检验的值和 Wilcoxon 秩和检验的 z 值。

如表 5 – 13 所示，熊市下月一致公司评级水平和月一致行业评级水平均为"优"（均为"差"）联合组合下月一致行业评级均值和月一致公司评级均值都低于牛市下。显示出在熊市公司评级和行业评级的联合组合下，评级更乐观。

表 5 – 13   牛市、熊市月一致公司评级水平和月一致行业
评级水平联合组合的描述性统计

评级组合	组合月数	一致行业评级均值	一致公司评级均值	月均行业	月均公司
牛市公司行业均优	77	1.146	1.418	10.559	76.361
熊市公司行业均优	51	1.070	1.231	9.100	48.881
牛市公司行业均差	70	1.773	2.547	7.012	39.412
熊市公司行业均差	47	1.738	2.450	8.324	48.797

5.3.3   牛市、熊市下公司评级和行业评级联合的市场反应

如表 5 – 14 面板 A、面板 B 所示，牛市的月一致公司评级水平和月一致行业评级水平均为"优"（均为"差"）联合组合有显著的经风险调整后的正向（负向）的市场反应。熊市的月一致公司评级水平和月一致行业评级水平均为"优"联合组合有显著的经风险调整后的正向的市场反应，均为"差"组合有经风险调整后的负向的市场反应，但是不显著。

表 5 - 14　牛市、熊市公司评级和行业评级联合组合的原始回报和超常回报

组合		原始回报	CAPM 截距	三因素 模型截距	四因素 模型截距
面板 A：牛市月一致公司评级水平和月一致行业评级水平联合组合	公司行业均优	5.001 *** (3.98)	1.881 ** (2.27)	1.398 * (1.98)	1.352 * (1.97)
	公司行业均差	3.409 ** (2.16)	- 0.703 (- 0.77)	- 1.961 *** (- 2.88)	- 1.993 *** (- 2.95)
	套利组合	1.592 (1.38)	2.584 ** (2.18)	3.359 *** (3.29)	3.345 *** (3.26)
面板 B：熊市月一致公司评级水平和月一致行业评级水平联合组合	公司行业均优	0.805 (0.52)	1.338 * (1.83)	1.046 * (1.76)	1.029 ** (2.07)
	公司行业均差	- 0.518 (- 0.33)	0.044 (0.07)	- 0.499 (- 0.84)	- 0.488 (- 0.87)
	套利组合	1.323 (1.44)	1.294 (1.39)	1.544 * (1.71)	1.517 ** (2.09)

注：圆括号内为 t 值，*** 、** 、* 分别表示在 1% 、5% 、10% 的水平下显著。

牛市下公司评级和行业评级的均为"优"（均为"差"）联合组合比熊市下的均为"优"（均为"差"）联合组合能引起更强的正向（负向）市场反应。在熊市，交易已经萎靡，分析师月一致公司评级水平和月一致行业评级水平均为"差"联合组合不能再引起显著的经风险调整后的负向市场反应也是可以理解的。

5.3.4　牛市、熊市的信息含量差异检验

为了检验牛市、熊市的月一致公司评级水平和月一致行业评级水平均为"优"（均为"差"）组的信息含量有无显著区别，在 Fama - French 三因素模型和 Carhart 四因素模型中分别引入牛市虚拟变量 BULL，牛市时取 1，熊市时取 0。

$$R_{pt} - R_{ft} = \alpha_p + \lambda_p BULL + \beta_p (R_{mt} - R_{ft}) + s_p SMB_t + h_p HML_t + \varepsilon_{pt}$$

$$(5 - 5)$$

$$R_{pt} - R_{ft} = \alpha_p + \lambda_p BULL + \beta_p (R_{mt} - R_{ft}) + s_p SMB_t + h_p HML_t + p_p UMD_t + \varepsilon_{pt}$$

$$(5 - 6)$$

　　如表 5 - 15 所示，在面板 A 月一致公司评级和月一致行业评级均为"优"样本中，牛市虚拟变量 BULL 在三因素模型和四因素模型下的回归系数均不显著。说明牛市下公司评级和行业评级均为"优"联合组合和熊市下公司评级和行业评级均为"优"联合组合的信息含量并无显著差异。在面板 B 月一致公司评级和月一致行业评级均为"差"样本中，牛市虚拟变量 BULL 在三因素模型和四因素模型下的回归系数均不显著。说明牛市下公司评级和行业评级均为"差"联合组合和熊市下公司评级和行业评级均为"差"联合组合的信息含量同样并无显著差异。

表 5 - 15　　　　　　　　　　牛熊市的信息含量差异检验

组合	模型	截距	BULL	$R_{mt} - R_{ft}$	SMB_t	HML_t	UMD_t	$Adj - R^2$
面板 A：月一致公司评级水平和月一致行业评级水平均为优	三因素模型	0.012 * (1.66)	0.001 (0.13)	0.973 *** (18.87)	0.218 ** (2.09)	-0.787 *** (-5.98)	—	80.00%
	四因素模型	0.011 * (1.69)	0.0002 (0.03)	0.959 *** (19.60)	0.296 *** (2.94)	-0.528 *** (-3.71)	0.372 *** (3.73)	82.13%
面板 B：月一致公司评级水平和月一致行业评级水平均为差	三因素模型	-0.008 (-1.07)	-0.009 (-0.93)	1.002 *** (19.48)	0.903 *** (8.68)	0.364 *** (2.78)	—	84.99%
	四因素模型	-0.008 (-1.08)	-0.009 (-0.94)	1.000 *** (19.31)	0.912 *** (8.54)	0.393 ** (2.61)	0.042 (0.40)	84.87%

注：圆括号内为 t 值，*** 、** 、* 分别表示在 1%、5%、10% 的水平下显著。

　　总之，虽然看似牛市下公司评级和行业评级的联合组合能引起比熊市下更强的经风险调整后的正向（负向）市场反应。但实际上月一致公司评级和月一致行业评级均为"优"（均为"差"）联合组合在牛市、熊市不同的市场环境下的信息含量并无显著差异。这或许应该从牛市、熊市的投资者情绪等方面探寻理由。投资者情绪对股市收益和波动存在显著影响（Hirshleifer & Shumway，2003；Baker & Wurgler，2006；王美今和孙建军，2004）。虽然分析师评级的信息含量在牛市、熊市并无统计意义上的显著差异，但牛市时投资者情绪高涨，市场对分析师评级的反应显得更大；熊市时投资者情绪低落，市场对分析师评级的反应显得更小。

5.4　稳健性检验

前文中在考虑承销关系和声誉对分析师月—致公司评级水平和月—致
行业评级水平联合组合的信息含量的影响时，分别依据不同身份的分析师
（承销商分析师或非承销商分析师、最佳分析师或非最佳分析师）前一年
月—致评级分布的 20%、80% 分位数分别作为后一年月—致评级水平
"优""差"分组的标准。这样做的原因是不同身份的分析师的评级的乐观
程度大为不同，如果沿用同一档标准无法实现样本的高度分离。为了避免
有关数据挖掘的指控，在稳健性检验部分按所有分析师前一年月—致评级
分布的 20%、80% 分位数分别作为后一年月—致评级水平"优""差"分
组的标准，结果依然保持稳健。按不同身份分析师或所有分析师前一年月
—致评级分布的 25%、75% 分位数或 30%、70% 分位数分别作为后一年月
—致评级水平"优""差"分组的标准，结论基本保持稳健。

构建承销关系、声誉、牛熊市影响下的月—致公司评级水平和月—致
行业评级水平联合组合时，对行业按二级行业分类标准划分，结论基本保
持稳健。

5.5　本章小结

本章考察了承销关系、声誉、牛熊市下分析师月—致公司评级水平和
月—致行业评级水平联合的信息含量。研究发现承销关系对分析师评级的
信息含量存在负面影响。承销商分析师的月—致公司评级和月—致行业评
级的乐观程度更高，其月—致公司评级水平和月—致行业评级水平联合组
合不能带来经风险调整后的显著的市场反应，可见利益冲突关系导致的较
强乐观偏差影响到评级的信息含量。非承销商分析师月—致公司评级和月
—致行业评级均为"优"（均为"差"）联合经风险调整后有显著的正向
（负向）市场反应。非承销商分析师的月—致公司评级和月—致行业评级

的联合带来的市场反应相比全体分析师更大。非承销商分析师月一致公司评级和月一致行业评级均为"优"联合组合比承销商分析师的相应组合具有显著更高的信息含量。非承销商分析师月一致公司评级和月一致行业评级均为"差"组和承销商分析师的均为"差"组信息含量无显著差异。这与在正面评级和负面评级下市场非对称的反应和卖空限制下分析师更注重正面评级有关。

最佳分析师和为其打分的基金经理之间的利益关系使得最佳分析师的月一致公司评级和月一致行业评级都更为乐观，其更强的乐观偏差对评级的信息含量有一定程度的影响。最佳分析师的月一致公司评级水平和月一致行业评级水平均为"优"联合的信息含量并不显著。非最佳分析师的月一致公司评级水平和月一致行业评级水平联合的信息含量显著。非最佳分析师的均为"优"组带来的经风险调整后的正向市场反应比最佳分析师组大。最佳分析师的均为"差"组带来的经风险调整后的负向市场反应比非最佳分析师组大。市场忽视最佳分析师"看多"的声音和最佳分析师倾向于采取利益冲突行为有关，当最佳分析师"看空"的时候，市场显得更为重视最佳分析师的评级。虽然非最佳分析师（最佳分析师）的月一致公司评级和月一致行业评级均为"优"（均为"差"）联合组合的正向（负向）市场反应显得比最佳分析师（非最佳分析师）的更大，但是统计检验发现二者的信息含量并不具有显著差异，不过非常接近10%的显著性水平。最佳分析师只在"看空"方面表现不错，在"看多"方面表现不佳。反而是不具备声誉的分析师的评级能够引起市场的正常反应。可见如果最佳分析师只管采取利益冲突行为迎合基金经理，其"看多"声音会被市场忽视。而在做空限制的背景下，"看空"的声音意义不大。最终"最佳分析师"评选有可能失去公信力和社会影响力。

熊市的月一致公司评级水平更为乐观，牛市的月一致行业评级水平更为乐观。牛市下月一致公司评级水平和月一致行业评级水平均为"优"（均为"差"）联合有经风险调整后的显著的超常回报。熊市的月一致公司评级水平和月一致行业评级水平均为"优"联合组合有显著的经调整后的正向市场反应，但是看起来比牛市下要小。熊市的月一致公司评级水平和月一致行业评级水平均为"差"组合有经风险不显著的调整后的负向市场反应。看起来牛市下公司评级和行业评级的联合能引起比熊市下更强的经风险调整后的市场反应。但实际上月一致公司评级和月一致行业评级均为"优"（均为"差"）联合在牛市、熊市不同的市场环境下的信息含量并无显著差异。这或许应该从牛市、熊市的投资者情绪等方面探寻理由。牛市时投资者情绪高涨导致市场对分析师评级的反应更强，熊市时投资者情绪低落导致市场对分析师评级的反应更弱。

第 6 章

盈余预测修正的信息含量研究

6.1 盈余预测修正的信息含量的既往研究

证券分析师是证券市场的重要参与者。比起普通投资者，分析师有更多专业知识和信息，有更好的信息处理能力，有助于缓解投资者的信息不对称程度，减弱证券市场的价格偏离，使资本市场更有效率。盈余公告后，为了在预测中包含新信息使其更准确，分析师一般会修正盈余预测。影响分析师修正的除了有来自公开披露的财务报表的信息外，还有来自投资者和其他分析师的信息。此时分析师既是信息的使用者也是信息的提供者。

回报率反映了投资者的活动，当分析师预期到回报率或其他分析师的预测中蕴含着关于未来盈余的信息时，可能会试图从中提取信息。如果能够证明分析师从回报率或其他分析师的预测修正中提取了信息，将有助于了解分析师使用的信息的来源。

对回报率和其他分析师的预测修正中的信息更为敏感的分析师是否具有更高的预测准确度。若能比同行的平均水平更为准确，则说明分析师有效地提取了信息；若不比同行的平均水平更为准确，则说明分析师可能采取了羊群行为。

分析师的盈余预测修正能否引发市场反应，有着更高的预测准确度的分析师，其盈余预测修正引起的市场反应是否会更强烈？这些都是接下来有必要通过实证来证实的问题。

布朗等（Brown et al.，1985）证实了股价包含着与分析师预测修正有关的信息。

投资者情绪对股市收益和波动存在显著影响（Hirshleifer & Shumway，2003），对横截面的股票回报率有显著影响（Baker & Wurgler，2006）。股价波动中的噪声，阻碍着市场的定价效率。

沙夫斯坦和斯坦（Scharfstein & Stein，1990）指出分析师为了提高声誉可能会采取羊群行为。洪等（Hong et al.，2000）发现缺少经验的分析师更可能因为偏离一致预测而被解雇，因此，缺少经验的分析师有动机通过观察一致预测来获取经验。

里斯和索恩（Lys & Sohn，1990）指出预测修正并未反映所有在修正发布日之前的股价中的信息，而只反映了部分信息。这意味着根据修正期的股价变动对修正进行调整可以改进修正的准确度。他们还指出因为分析师接收的信息类似，虽然相邻的修正看起来只是在复制彼此，但靠后的修正仍然具有独立的信息含量。库珀等（Cooper et al.，2001）证明了股价对领先分析师的预测修正的反应高于对追随分析师的反应，说明投资者很在乎预测的及时性。莫泽兹（Mozes，2003）指出在公共信息发布后迅速修正预测会导致预测准确度较低。分析师较晚提供预测的好处在于可观察其他分析师的预测。

伊姆霍夫和洛博（Imhoff & Lobo，1984）证实了向上（下）的分析师盈余预测修正伴随着正（负）的超额回报。弗朗西斯等（Francis et al.，2002）发现分析师报告和市场反应之间是正相关的关系，分析师报告和盈余公告不是替代性而是互补性的。这意味着盈余公告后面的分析师报告不仅在复述公告的信息，而且具有独立的信息含量。格里森和李（Gleason & Lee，2003）发现向上（下）修正伴随着随后更多为正（负）的回报。市场不能很好地区分带来新信息的分析师和采取羊群行为的分析师，有名分析师和无名但同样准确的分析师都能立即引起较强的市场反应。克莱门特和谢（Clement & Tse，2003）发现投资者对与预测准确度有关的分析师特性作出反应。在控制了修正的数量后，投资者的反应随着券商规模和此前分析师的预测准确度而增加。

吴东辉和薛祖云（2005）根据 A 股上市公司中报和年报发布的盈余预

测数据，发现盈余预测修正能够引起显著的市场反应。

张然等（2017）发现根据明星分析师盈余预测修正构建套利组合，能获得月均1.34%的经过三因素模型调整后的显著为正的超常回报。

汤湘希等（2020）发现在盈余公告窗口中，分析师发布向上的盈余预测修正时，市场能够作出更积极的反应；分析师发布向下的盈余预测修正时，市场作出更为消极的反应。

李娜（2022）发现向上的盈利预测修正能够引起更大的超常回报，盈利预测修正主要是引起短期和中期的市场反应。分析师盈利预测水平对市场回报的影响比分析师盈利预测修正要小。

6.2　研究设计

6.2.1　样本选择与数据来源

样本期为2004年8月～2012年5月。盈余预测数据来自Wind数据库，盈余公告日期和实际盈余数据来自CSMAR数据库。在考虑预测修正时，要求盈余公告前（后）的预测在盈余公告日前（后）90天内发布，如果同一分析师针对同一公司在公告前（后）发布了多条预测，只取公告前（后）最近一次预测值。计算回报率所需的收盘价的可比价格来自CS-MAR数据库。市场回报率用指数回报率替代，所需的上证综合指数和深证综合指数来自Wind数据库。构建周情绪指数的周换手率、周新开户数、周封闭式基金折价率为2004年第41周～2012年第22周共398周的指标。计算周换手率所需数据来自CSMAR数据库；周新开户数来自中国证券登记结算有限公司网站；计算封闭式基金折价率所需数据来自Wind数据库；股本市值来自CSMAR数据库；年末股本账面市值比由每股净资产除以每股收盘价生成，数据来自CSMAR数据库；券商规模和人均研究公司数来自Wind数据库。

图6-1显示了盈余公告后90天内每日分析师预测修正数占公告后90天总预测修正数的比重，揭示了盈余公告后分析师发布预测修正的时机选择。

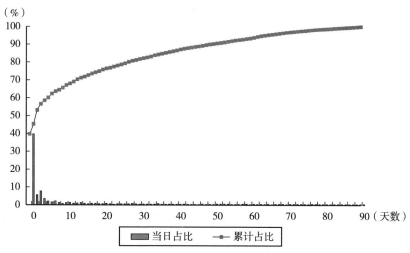

图 6 - 1　盈余公告后分析师修正占比

盈余公告日（0 日）的分析师修正占比为 39.68%，从盈余公告日后的第 1 日到第 10 日，修正占比呈现急剧下降的趋势。到第 10 日，分析师修正的累计占比为 67.12%，占从盈余公告日到公告后 90 日期间内修正的 2/3 以上，第 10 日之后修正占比趋于稳定，因此本书的研究着眼于从盈余公告日到盈余公告后第 10 日这期间的分析师修正。最终样本包含了 32865 个分析师预测修正观测值，其中盈余公告日的分析师修正观测值为 19260 个，盈余公告日后 +1 到 +10 日的观测值为 13605 个。当检验目标分析师是否从其他分析师修正中提取信息时，目标分析师修正至少应该比其他分析师修正晚一天，以便观察其他分析师的修正，这样目标分析师的修正最早也只能始于 +1 日。当包括其他分析师预测离散度 disp 后，要得出 disp，其他分析师至少需要有两个。

6.2.2　变量定义与模型设定

本书的模型构建借鉴了克莱门特等（Clement et al.，2011），实证研究中所用到的各研究变量的说明如表 6 - 1 所示。

表 6 – 1 　　　　　　　　　　　　　 **变量定义**

变量符号	变量含义	变量说明
rev	分析师盈余预测修正	盈余公告后（含公告日）首次每股收益预测减去公告前末次预测，除以公告前月末股价
rfa	分析师相对预测准确度	rfa = (afe-avgafe)/avgafe。afe 为预测误差的绝对值，afe 的计算方式为用年报的实际每股收益减去每季公告后的最新一次预测值，除以公告前月末股价，再取绝对值。avgafe 为 afe 取均值
avgrfa	分析师相对预测准确度的均值	单个的 rfa 针对同一分析师同一股票同一盈余公告期，avgrfa 是对每一个分析师按 rfa 取均值
revexr	分析师修正之后两日的个股超额回报率	用两日个股回报率减去两日市场回报率（用指数回报率替代）
exr	围绕盈余公告日的个股两日超额回报率	围绕盈余公告日（0 日）的从 – 1 日到 0 日的回报率，用两日个股回报率减去两日市场回报率（用指数回报率替代）
sent	投资者情绪的绝对值	用周换手率、周新开户数、周封闭式基金折价率采用主成分分析法构建周投资者情绪指标，再经标准化处理后取绝对值
avgrev	其他分析师盈余	这些分析师至少在目标分析师前一天更新预测修正的均值
numrev	其他分析师数目	构成 avgrev 的其他分析师数目
countrev	分析师发布的修正的数目	是对分析师发布的 rev 计数
cre	回报率和 Δeps 之关联	Δeps 为从当前 t 季度到未来 t + 4 季度的实际每股收益的变化除以当前季度的盈余公告前月末股价
confa	分析师一致预测准确度	先对包含在 avgrev 中的预测取均值，得到一致预测，再用年报的实际每股收益减去一致预测后取绝对值，除以公告前月末股价
surprise	未预期盈余	由于盈余预测只有针对年报的，用年报预测分别除以 4、2、4/3，模拟一季报、中报、三季报预测，再用一季报、中报、三季报、年报的实际每股收益减去公告前最近一次预测，除以公告前月末股价
disp	其他分析师的预测离散度	构成 avgrev 的其他分析师预测的标准差，反映其他分析师意见的不一致性
ex30	个股在公告前一月的超额回报率	用盈余公告前 30 日到前 2 日的个股回报率减去相应时段的市场回报率
days	两次预测间的天数	盈余公告前最后一次预测到公告后首次修正之间的天数
daysaf	公告日到修正日天数	从盈余公告日到公告后首次预测修正之间的天数
lnm	股本市值的自然对数	盈余公告之前一年末的股本市值的自然对数

变量符号	变量含义	变量说明
bm	账面市值比	盈余公告之前一年年末的股本账面市值比
ncom	券商研究公司数	分析师发布修正时所属券商的人均研究公司数
avgncom	券商研究公司数的均值	分析师发布修正时 ncom 的均值
brokersize	券商规模	分析师发布修正时所属券商拥有的分析师个数
avgbrokersize	券商规模的均值	分析师发布修正时 brokersize 的均值
quarter	季度虚拟变量	用以控制季度差异对回归结果的影响
year	年度虚拟变量	用以控制年度差异对回归结果的影响

6.2.2.1　盈余公告日分析师对回报率中信息的反应

投资者情绪的绝对值 sent 是测度回报率中的信息的代理变量。标准化处理后的投资者情绪有着 0 均值，取绝对值后，高和低的情绪对应的绝对值高，正常情绪对应的绝对值低。当 sent 高时，价格可能与价值相分离；当 sent 低时，回报率中可能蕴含的信息多。

使用模型（6-1）来检验在盈余公告日，当回报率中更有可能蕴含着关于未来盈余的信息时（此时测度回报率中信息的代理变量——投资者情绪绝对值 sent 低），分析师盈余预测修正 rev 对围绕盈余公告日的个股两日超额回报率 exr 的反应是否更强烈。

$$\text{rev} = \beta_0 + \beta_1\text{exr} + \beta_2\text{sent} + \beta_3\text{exr} \times \text{sent} + \beta_4\text{surprise} + \beta_5\text{ex30}$$
$$+ \beta_6\text{days} + \beta_7\text{lnm} + \beta_8\text{bm} + \text{quarter} + \text{year} + \varepsilon \qquad (6-1)$$

在模型（6-1）中只考虑公告日的 rev。在公告日 rev 不仅受回报率中信息的影响，还可能受其他分析师 rev 的影响，只是后者不易辨别，所以只考虑前者。

其余为控制变量。未预期盈余 surprise 体现了盈余公告带来的盈余信息。盈余公告的信息在正式公布前一段时间可能就已经扩散出去，从而对股价产生影响，其他相对次要的信息事件对股价也会有影响，因此用个股在公告前一月的超额回报率 ex30 来捕获公告前一个月信息的影响。此外还控制了盈余公告前最后一次预测到公告后首次修正之间的天数 days。通过盈余公告之前一年年末的股本市值的自然对数 lnm 和盈余公告之前一年年末的股本账面市值比 bm 来控制公司规模因素和公司成长前景因素对 rev 的影响。quarter 和 year 是季度和年度虚拟变量，用以控制季度和年度差异对回归结果的影响。

6.2.2.2   盈余公告后 +1 ～ +10 日目标分析师对其他分析师和回报率中信息的反应

构成其他分析师盈余预测修正均值 avgrev 的其他分析师数目 numrev，是测度其他分析师预测修正中拥有的信息的代理变量。numrev 越大，意味着其他分析师修正中包含的信息越多。使用模型（6－2）来检验在盈余公告后 +1 ～ +10 日，当其他分析师修正中更有可能蕴含着关于未来盈余的信息时（此时测度其他分析师盈余预测修正中拥有的信息的代理变量——其他分析师数目 numrev 大），目标分析师的盈余预测修正 rev 对 avgrev 的反应是否更强烈。同时还联合检验了当回报率中更有可能含有关于未来盈余的信息时（此时测度回报率中信息的代理变量——投资者情绪绝对值 sent 低），rev 对围绕盈余公告日的个股两日超额回报率 exr 的反应是否更强烈。

$$rev = \beta_0 + \beta_1 avgrev + \beta_2 numrev + \beta_3 avgrev \times numrev + \beta_4 exr + \beta_5 sent$$
$$+ \beta_6 exr \times sent + \beta_7 surprise + \beta_8 ex30 + \beta_9 days + \beta_{10} daysaf$$
$$+ \beta_{11} lnm + \beta_{12} bm + quarter + year + \varepsilon \qquad (6-2)$$

在模型（6－2）中考虑盈余公告后 +1 日 ～ +10 日的 rev。rev 可能受到 exr 和 avgrev 的影响。由于在同一天内不同分析师 rev 的先后不好辨别，很难证明在同一天内目标分析师所受其他分析师的影响，故目标分析师 rev 至少应该比其他分析师 rev 晚一天，这样才好观察 avgrev 对 rev 的影响。所以其他分析师 rev 始于 0 日，目标分析师 rev 始于 +1 日。

从盈余公告日到公告后首次预测修正之间的天数 daysaf 用于控制预测修正的时机对 rev 的影响。

在控制了其他分析师预测离散度 disp 后对模型（6－2）再次进行回归，来检验在盈余公告后 +1 ～ +10 日，当其他分析师修正中更有可能蕴含着关于未来盈余的信息时（此时 disp 小），目标分析师的盈余预测修正 rev 对其他分析师盈余预测修正均值 avgrev 的反应是否更强烈。

6.2.2.3　盈余公告日对回报率中的信息更敏感的分析师的预测准确度

模型（6-1）中若 β_1 显著为正，β_3 显著为负，则说明当回报率中蕴含的关于未来盈余的信息越多（此时测度回报率中信息的代理变量——投资者情绪绝对值 sent 低），分析师盈余预测修正 rev 对围绕盈余公告日的个股两日超额回报率 exr 的反应更强烈。在盈余公告日，对每一个分析师，按模型（6-1）分别进行一次回归（未包括季度和年度虚拟变量。为保证回归效果，至少应达到 20 个观测值），取 exr × sent 的系数 β_3 定义为变量 beta3，用于模型（6-3），以检验在盈余公告日，修正时对回报率中蕴含的关于未来盈余的信息更敏感的分析师，其预测修正的准确度是否优于同行的平均水平。

$$avgrfa = \alpha_0 + \alpha_1 beta3 + \alpha_2 avgncom + \alpha_3 avgbrokersize + \alpha_4 countrev + \varepsilon$$

$$(6-3)$$

rfa 是指分析师相对预测准确度，此处只考虑盈余公告日的值。单个的 rfa 针对同一分析师同一股票同一盈余公告期，avgrfa 是对每一个分析师按 rfa 取均值。avgncom 是对券商研究的公司数 ncom 取均值，avgbrokersize 是对券商拥有的分析师个数 brokersize 取均值。countrev 是对分析师发布的 rev 计数。模型（6-3）中若 beta3 的系数显著为正，变量 beta3 的值为负，对 avgrfa 有更大的负向的影响（由 rfa 的公式 rfa = (afe - avgafe)/avgafe 可知 rfa 更小或为负时更准确）。也就是说，在盈余公告日的修正时对回报率中蕴含的关于未来盈余的信息越敏感的分析师，其有望比同行的预测准确度更高。

6.2.2.4　盈余公告后 +1 ~ +10 日对其他分析师和回报率中的信息更敏感的目标分析师的预测准确度

模型（6-2）中当 β_1、β_3 显著为正，说明当其他分析师的修正中蕴含的未来盈余信息越多时（此时测度其他分析师盈余预测修正中拥有的信息的代理变量——其他分析师数目 numrev 大），分析师盈余预测修正 rev 对其他分析师盈余预测修正的均值 avgrev 的反应就越强烈。当 β_4 显著为正，β_6 显著为负，说明当回报率中蕴含的未来盈余信息越多时（此时测度回报率中信息的代理变量——投资者情绪绝对值 sent 低），rev 对 exr 的反应就越强烈。在盈余公告后 +1 ～ +10 日，对每一个分析师，按模型（6 - 2）分别进行一次回归（未包括季度和年度虚拟变量。为保证回归效果，至少应达到 20 个观测值），取 avgrev × numrev 的系数 β_3 和 exr × sent 的系数 β_6 分别定义为变量 beta3 和 beta6，用于模型（6 - 4），以检验在盈余公告后 +1 ～ +10 日，分析师盈余预测修正时对其他分析师盈余预测修正均值和回报率中蕴含的关于未来盈余的信息越敏感的分析师，其预测修正的准确度是否优于同行的平均水平。

$$avgrfa = \alpha_0 + \alpha_1 beta3 + \alpha_2 beta6 + \alpha_3 avgncom + \alpha_4 avgbrokersize + \alpha_5 countrev + \varepsilon$$

$$(6 - 4)$$

除 beta3、beta6 以外，其余变量定义同模型（6 - 3），只是此处考虑的是盈余公告后 +1 ～ +10 日的 rfa。模型（6 - 4）中若 beta3 的系数显著为负，说明在盈余公告后 +1 ～ +10 日的盈余预测修正时对其他分析师预测修正中拥有的信息更敏感的分析师，对 avgrfa 有更大的负向的影响，这些分析师比同行的平均水平更准确。

模型（6 - 4）中若 beta6 的系数显著为正，说明在盈余公告后 +1 ～ +10 日的修正时对回报率中的信息更敏感的分析师，对 avgrfa 有更大的负向的影响，这些分析师比同行的平均水平更准确。

6.2.2.5 盈余公告日对回报率中的信息更敏感的分析师，其修正能否引起市场反应以及引起的市场反应是否会更强烈

在盈余公告日，对每一个分析师，按模型（6 - 1）分别进行一次回归（未包括季度和年度虚拟变量。为保证回归效果，至少应达到 20 个观测值），取 exr × sent 的系数 β_3 定义为变量 beta3，用于模型（6 - 5），以检验在盈余公告日，修正时对回报率中的信息更敏感的分析师，市场会不会对其修正起反应，以及起的反应会不会更强烈。

$$revexr = \alpha_0 + \alpha_1 rev + \alpha_2 beta3 + \alpha_3 rev \times beta3 + \alpha_4 exr + \alpha_5 sent + \alpha_6 surprise$$
$$+ \alpha_7 ex30 + \alpha_8 days + \alpha_9 lnm + \alpha_{10} bm + quarter + year + \varepsilon \qquad (6 - 5)$$

模型（6 - 5）中若盈余公告日的分析师盈余预测修正 rev 的系数显著为正，则说明在 rev 能引起同向的市场反应；若 rev 的系数显著为正且

rev × beta3 的系数显著为负，则说明修正时对回报率中蕴含的未来盈余信息更敏感的分析师，有望引起更强的市场反应。

6.2.2.6 盈余公告后 +1 ～ +10 日对其他分析师和回报率中的信息更敏感的目标分析师，其修正能否引起市场反应以及引起的市场反应是否会更强烈

在盈余公告后 +1 ～ +10 日，对每一个分析师，按模型（6－2）分别进行一次回归（未包括季度和年度虚拟变量。为保证回归效果，至少应达到 20 个观测值），取 avgrev × numrev 的系数 β_3 和 exr × sent 的系数 β_6 分别定义为变量 beta3 和 beta6，用于模型（6－6），以检验在盈余公告后 +1 ～ +10 日，修正时对其他分析师盈余预测修正均值和回报率中蕴含的关于未来盈余的信息更敏感的分析师，能不能引起市场反应以及市场反应会不会更强烈。

$$revexr = \alpha_0 + \alpha_1 rev + \alpha_2 beta3 + \alpha_3 rev \times beta3 + \alpha_4 beta6 + \alpha_5 rev \times beta6$$
$$+ \alpha_6 exr + \alpha_7 sent + \alpha_8 surprise + \alpha_9 ex30 + \alpha_{10} days + \alpha_{11} daysaf$$
$$+ \alpha_{12} lnm + \alpha_{13} bm + quarter + year + \varepsilon \qquad (6-6)$$

变量的定义同上。模型（6－6）中若 rev 的系数显著为正且 rev × beta3 的系数显著为正，则说明在盈余公告后 +1 ～ +10 日的 rev 能引起同向的市场反应，修正时对其他分析师盈余预测修正均值中包含的信息更敏感的分析师，有望引起更强的市场反应；模型（6－6）中若 rev 的系数显著为正且 rev × beta6 的系数显著为负，则说明在盈余公告后 +1 ～ +10 日对回报率中蕴含的未来盈余信息更敏感的分析师，有望引起更强的市场反应。

6.3 实证结果及分析

6.3.1 描述性统计

围绕盈余公告日的个股两日超额回报率 exr 的均值和中位数值均为正，说明分析师更愿意跟进在盈余公告期间能够跑赢大市的公司。未预期盈余

surprise 的均值和中位数值为负，说明预测有乐观偏差。分析师盈余预测修正 rev 和其他分析师盈余预测修正的均值 avgrev 的均值为负，说明盈余公告后分析师倾向于下调预测，修正自己此前过于乐观的预测。包含在 avgrev 中的分析师数目 numrev 平均为 2 ~ 3 个。days 的均值为 38.56 天。daysaf 的均值为 1.54，75% 分位数为 2，大部分修正在盈余公告后两日内完成，说明分析师较为看重修正的及时性。

6.3.2　回归结果及分析

在本书所有涉及 exr 的模型中，均对其按首尾 1% 分位数抹平（winsorize），以控制极端值的影响。

6.3.2.1　模型（6-1）的 ols 回归结果

模型（6-1）回归的结果如表 6-2 所示。围绕盈余公告日的个股两日超额回报率 exr 的系数为 0.025，显著为正，围绕盈余公告日的个股两日超额回报率和投资者情绪的交乘项 exr × sent 的系数为 -0.009，显著为负，也即当投资者情绪 sent 下降的时候，分析师盈余预测修正 rev 对围绕盈余公告日的个股两日超额回报率 exr 的反应变得更大。说明在盈余公告日当回报率中更有可能蕴含着关于未来盈余的信息时（此时投资者情绪的绝对值低），分析师盈余预测修正对围绕公告日的回报率的反应就更强烈。分析师的盈余预测修正对围绕公告日的回报率的反应要受投资者情绪的影响。由于回报率反映了投资者的活动，说明分析师有可能提取了来自投资者的信息。

未预期盈余 surprise 的系数在 1% 的水平显著为正，说明未预期盈余为正（负）会导致分析师盈余预测修正 rev 正（负）向的修正。控制变量中，个股在公告前一月的超额回报率 ex30 的系数在 1% 的水平显著为正，说明盈余公告前一个月的个股超额回报率为正（负）也会导致 rev 正（负）向的修正，不过此影响显然无法和 exr 对 rev 的影响相比。因本书篇幅所限，表 6-2 中未报告季度和年度虚拟变量。

表 6 - 2　　　　　　　　　公告日分析师修正对回报率中信息的反应

自变量	模型（6 - 1）	
	系数	t 值
截距项	0. 003 ***	2. 99
exr	0. 025 ***	8. 31
sent	0. 001 ***	3. 63
exr × sent	− 0. 009 ***	− 3. 13
surprise	0. 494 ***	80. 74
ex30	0. 005 ***	11. 44
days	-2.92×10^{-5} ***	− 9. 69
lnm	-2.39×10^{-4} ***	− 5. 02
bm	-346×10^{-4}	− 1. 02
adj_R^2	30. 04%	——
N	19260	——

注：*** 表示在 1% 的水平显著。

6. 3. 2. 2　模型（6 - 2）的 ols 回归结果

表 6 - 3 的第 2 列、第 3 列是模型（6 - 2）的回归结果。其他分析师盈余预测修正的均值 avgrev 的系数 0. 069 显著为正，其他分析师盈余预测修正的均值和包含在 avgrev 中的分析师数目的交乘项 avgrev × numrev 的系数 0. 063 显著为正，也即当含在 avgrev 中的分析师数目 numrev 变大的时候，分析师盈余预测修正 rev 对其他分析师盈余预测修正 avgrev 的反应变得更大。说明在盈余公告后 + 1 ~ + 10 日，当其他分析师盈余预测修正中更有可能蕴含着关于未来盈余的信息时（此时其他分析师数目大），目标分析师的盈余预测修正对其他分析师盈余预测修正均值的反应更强烈。目标分析师的盈余预测修正对其他分析师盈余预测修正均值的反应要受其他分析师数目的影响。

围绕盈余公告日的个股两日超额回报率 exr 的系数在 5% 的水平显著为正，exr × sent 的系数仍然为负，只是不再显著。说明在盈余公告后的

+1 ~ +10 日，目标分析师的盈余预测修正仍然要对围绕公告日的回报率起反应，此反应比在盈余公告日的反应减弱了。目标分析师的盈余预测修正对围绕公告日的回报率的反应不再受投资者情绪的影响。

表 6 - 3 的第 4 列、第 5 列是控制了其他分析师预测离散度 disp 后的回归结果，avgrev × numrev 的系数仍然是显著为正，说明在盈余公告后 +1 ~ +10 日，当其他分析师盈余预测修正中更有可能蕴含着关于未来盈余的信息时（此时其他分析师数目大），目标分析师的盈余预测修正对其他分析师盈余预测修正均值的反应更强烈。exr 的系数为正，但是不再显著。exr × sent 的系数为负，不显著。说明控制了其他分析师预测离散度后，目标分析师的盈余预测修正不再对围绕公告日的回报率起反应，也不再受投资者情绪的影响。

表 6 - 3   公告后 +1 ~ +10 日修正对其他分析师修正和回报率中信息的反应

自变量	模型（6 - 2）			
	系数	t 值	系数	t 值
截距项	0.002	1.19	0.004	1.19
avgrev	0.069 ***	4.23	0.087 ***	3.52
numr	-3.30×10^{-6}	-0.07	-8.36×10^{-5}	-1.44
avgrev × numrev	0.063 ***	11.69	0.083 ***	12.92
exr	0.008 **	2.01	0.007	1.30
sent	4.78×10^{-4}	0.92	9.27×10^{-4}	1.37
exr × sent	-0.003	-0.89	-0.003	-0.62
surprise	0.259 ***	32.60	0.257 ***	26.38
disp	—	—	-0.002	-0.09
avgrev × disp	—	—	-5.643 ***	-12.86
ex30	0.003 ***	3.96	0.002 **	1.98
days	-1.98×10^{-5} ***	-4.43	-3.81×10^{-6}	-0.70
daysaf	3.03×10^{-5}	0.82	6.02×10^{-5}	1.37
lnm	-6.36×10^{-5}	-0.83	-5.85×10^{-5}	-0.65

续表

自变量	模型（6-2）			
	系数	t 值	系数	t 值
bm	6.44×10^{-4}	1.49	4.64×10^{-5}	0.08
adj_R^2	24.58%	—	28.21%	—
N	8931	—	6035	—

注：**、***分别表示在 5%、1%的水平显著。

avgrev × disp 的系数显著为负，当 disp 越小，rev 对 avgrev 的反应越大，说明在盈余公告后 +1 ~ +10 日，当其他分析师盈余预测修正中更有可能蕴含着关于未来盈余的信息时（此时其他分析师预测离散度小），目标分析师的盈余预测修正对其他分析师修正均值的反应更强烈。因本书篇幅所限，表 6 - 3 中未报告季度和年度虚拟变量。

总之，在盈余公告后 +1 ~ +10 日，当其他分析师盈余预测修正中更有可能蕴含着关于未来盈余的信息时（由其他分析师数目大或者其他分析师预测离散度小体现出来），目标分析师的盈余预测修正对其他分析师盈余预测修正均值的反应更强烈。说明分析师有可能提取了来自其他分析师的信息。控制了其他分析师预测离散度后，目标分析师的盈余预测修正不再对围绕公告日的回报率起反应。

6.3.2.3 模型（6-3）和模型（6-4）的 ols 回归结果

表 6 - 4 的第 2 列、第 3 列是模型（6-3）的回归结果。模型（6-3）的变量 beta3 来自模型（6-1）exr × sent 的系数 β_3，beta3 的系数为 -0.050，且不显著，说明在盈余公告日进行盈余预测修正时对回报率中蕴含的未来盈余信息越敏感的分析师，对 avgrfa 不能产生负向的影响，因此这些分析师并不比同行更准确。

表 6 - 4 的第 4 列、第 5 列是模型（6-4）的回归结果，beta3 的系数为 -0.069，显著为负，说明在盈余公告后的 +1 ~ +10 日的修正时对其他分析师的数目更敏感的分析师，对 avgrfa 有更大的负向的影响，而 rfa 更小或为负时说明分析师更准确，可见这些在盈余公告后的 +1 ~ +10 日的修

正时对其他分析师的数目更敏感的分析师比同行的平均预测水平更准确。beta6的系数为0.068，但不显著，说明在此期间对回报率中蕴含的未来盈余信息更敏感的分析师，对avgrfa并不会产生负向的影响，并不会比同行更准确。

表6-4　从其他分析师修正和回报率中提取信息的分析师的预测准确度

自变量	模型（6-3）		模型（6-4）	
	系数	t 值	系数	t 值
截距项	-0.029	-0.59	0.138	1.08
beta3	-0.050	-0.97	-0.069*	-1.81
beta6	—	—	0.068	1.04
avgncom	7.96×10^{-4}	0.31	-0.008	-0.84
avgbrokersize	9.57×10^{-4}	1.00	-4.81×10^{-4}	-0.31
countrev	-7.23×10^{-5}	-0.24	-2.75×10^{-4}	-1.17
adj_R^2	0.68%	—	2.43%	—
N	276		104	

注：*表示在10%的水平显著；因变量为avgrfa。

6.3.2.4　模型（6-5）和模型（6-6）的ols回归结果

表6-5的第2列、第3列是模型（6-5）的回归结果，rev的系数为0.302，在1%的水平显著为正，说明在盈余公告日的分析师盈余预测修正rev能引起同向的市场反应，且在1%的水平显著。rev×beta3的系数为-0.063，但不显著，说明在盈余公告日分析师盈余预测修正时对回报率中蕴含的未来盈余信息更敏感的分析师，不能引起更强的市场反应。

表6-5的第4列、第5列是模型（6-6）的回归结果，rev的系数0.163，在10%的水平显著为正，说明在盈余公告后+1~+10日的分析师盈余预测修正rev仍能引起同向的市场反应，此反应比盈余公告日的分析师盈余预测修正引起的市场反应更弱，且只在10%的水平显著。rev×beta3的系数为0.261，不显著，说明在盈余公告后+1~+10日对其他分析师盈余预测修正均值更敏感的分析师，不能引起更强的市场反应。rev×

beta6 的系数为 0.502，不显著，说明在此期间对回报率中蕴含的未来盈余信息更敏感的分析师，不能引起更强的市场反应。因本书篇幅所限，表 6 - 5 中未报告季度和年度虚拟变量。

表 6 - 5 分析师修正对市场的影响

自变量	模型（6 - 5）		模型（6 - 6）	
	系数	t 值	系数	t 值
截距项	0.035 ***	5.71	0.023	1.63
rev	0.302 ***	6.88	0.163 *	1.86
beta3	0.001	0.45	0.002	0.58
rev × beta3	− 0.063	− 0.30	0.261	1.05
beta6	—	—	− 0.004	− 0.75
rev × beta6	—	—	0.502	1.33
exr	0.045 ***	4.75	− 0.038 **	− 2.11
sent	− 0.009 ***	− 4.24	− 0.019 ***	− 4.48
surprise	− 0.119 ***	− 2.82	0.092	1.61
ex30	2.11×10^{-4}	0.08	− 0.012 **	− 2.36
days	-1.65×10^{-5}	− 0.95	7.88×10^{-5} *	1.94
daysaf	—	—	-5.70×10^{-4} **	− 2.04
lnm	− 0.001 ***	− 4.41	-2.43×10^{-4}	− 0.40
bm	− 0.002	− 1.21	0.004	1.16
adj_R^2	1.37%	—	2.64%	—
N	10078	—	3268	—

注：*、**、***分别表示在10%、5%、1%的水平显著。

6.3.3　稳健性检验

模型（6 - 8）是把模型（6 - 1）中的 sent 换成围绕公告日的回报率和实际每股收益变化的关联 cre 进行稳健性检验，检验在盈余公告日，是否回报率中更有可能蕴含关于未来盈余的信息时（cre 越高），rev 对 exr 的反应就更强烈。sent 是对回报率信息含量的事前测度，cre 是对回报率信息含量的事后测度。sent 低代表回报率中信息含量多，cre 高代表回报率中信息含量多。avgsurprise 是未预期盈余 surprise 的均值。对模型（6-7）中的 Δeps 按首尾 1% 分位数抹平（winsorize）以排除极端值的影响，对每个个股估计一次模型（6-7）（为了保证回归估计的效果，设定 20 个观测值的要求），将每一次回归得出的 Δeps 的系数 β_1 以变量 cre 表示，参与模型（6-8）的回归。模型（6-7）、模型（6-8）中其他变量的定义同模型（6-1）。

$$exr_t = \beta_0 + \beta_1 \Delta eps_{t+1} + \beta_2 avgsurprise_t + \beta_3 lnm_t + \beta_4 bm_t + \varepsilon \quad (6-7)$$

$$rev = \beta_0 + \beta_1 exr + \beta_2 cre + \beta_3 exr \times cre + \beta_4 surprise + \beta_5 ex30$$
$$+ \beta_6 days + \beta_7 lnm + \beta_8 bm + quarter + year + \varepsilon \quad (6-8)$$

表 6-6 是模型（6-8）的 OLS 回归结果，限于篇幅省略了报告季度和年度虚拟变量。exr 的系数为 0.018，显著为正；exr × cre 的系数为 0.003，显著为正。也即当含在 avgrev 中的分析师数目 numrev 变大的时候，分析师盈余预测修正 rev 对其他分析师盈余预测修正 avgrev 的反应变得更大。说明在盈余公告日当回报率中更可能有信息时（回报率和实际每股收益变化的关联越高），分析师修正对围绕公告日的回报率的反应也就更强烈。

表 6-6　　公告日分析师对回报率中信息之反应的稳定性检验

自变量	模型（6-8）	
	系数	t 值
截距项	0.002	1.55
exr	0.018 ***	8.72
cre	2.52×10^{-5}	0.48
exr × cre	0.003 **	2.51
surprise	0.480 ***	63.10
ex30	0.007 ***	11.42

续表

自变量	模型（6-8）	
	系数	t 值
days	-1.87×10^{-5} ***	-4.94
lnm	-3.00×10^{-4} ***	-4.70
bm	-9.15×10^{-4} **	-2.12
adj_R^2	29.18%	—
观测值	12571	—

注：**、***分别表示在5%、1%的水平显著。

模型（6-9）是把模型（6-2）中的 numrev 换成其他分析师的一致预测误差的绝对值 confa 进行稳健性检验，检验在盈余公告后 +1～+10日，当其他分析师修正中更可能蕴含着关于未来盈余的信息时（confa 越小），目标分析师的修正 rev 对 avgrev 的反应是否更强烈。numrev是对其他分析师修正中信息含量的事先测度，目标分析师事先能够知道。confa 是对其他分析师修正中信息含量的事后测度，numrev高代表其他分析师修正的信息含量高，confa 小代表其他分析师修正的信息含量高。

$$rev = \beta_0 + \beta_1 avgrev + \beta_2 confa + \beta_3 avgrev \times confa + \beta_4 exr + \beta_5 sent$$
$$+ \beta_6 exr \times sent + \beta_7 surprise + \beta_8 ex30 + \beta_9 days + \beta_{10} daysaf$$
$$+ \beta_{11} lnm + \beta_{12} bm + quarter + year + \varepsilon \qquad (6-9)$$

表6-7是模型（6-9）的 OLS 回归结果，限于篇幅未报告季度和年度虚拟变量。avgrev 的系数为 0.301，显著为正，avgrev × confa 的系数为 −2.362，显著为负。也即当其他分析师的一致预测误差的绝对值 confa 下降的时候，目标分析师的修正 rev 对其他分析师盈余预测修正均值 avgrev 的反应变得更大。说明在盈余公告后 +1～+10日，当其他分析师修正中更可能有信息时（此时其他分析师的一致预测误差小），目标分析师在修正时对其他分析师修正中的信息的反应也就更强烈。

表6-7   公告后+1~+10日分析师对其他分析师的信息之反应的稳定性检验

自变量	模型（6-9）	
	系数	t 值
截距项	0.005***	2.61
avgrev	0.301***	23.00
confa	-0.019***	-4.00
avgrev × confa	-2.362***	-15.30
exr	0.011***	2.64
sent	7.45×10^{-4}	1.41
exr × sent	-0.005	-1.23
surprise	0.286***	34.32
ex30	0.002***	3.30
days	-1.85×10^{-5}***	-4.03
daysaf	-8.43×10^{-7}	-0.02
lnm	-1.65×10^{-4}**	-2.24
bm	6.08×10^{-4}	1.33
adj_R^2	25.62%	—
观测值	8160	—

注：**、***分别表示在5%、1%的水平显著。

以上各个模型中把围绕盈余公告日的超额回报率窗口定义为 [-1，+1] 日，让研究的分析师修正始于公告后+1日，目标分析师修正始于+2日，回归的主要结论不变。

6.4   本章小结

本章证实了在盈余公告日投资者活动中越有可能蕴含关于未来盈余的信息时（此时投资者情绪的绝对值越低），分析师盈余预测修正对围绕公告日的个股两日超额回报率的反应就越强烈。而在盈余公告日之后的+1~+10日，分析师盈余预测修正对围绕公告日的个股两日超额回报率的反应仍然存在，在控制了分析师预测离散度后，分析师盈余预测修正对围绕公告日的个股两日超额回报率的反应不再显著。

在盈余公告日对回报率中蕴含的未来盈余信息更敏感的分析师，其预测修正的准确度并不优于其他分析师。而在盈余公告日之后的 +1 ~ +10 日，对回报率中蕴含的未来盈余信息更敏感的分析师，其预测修正的准确度仍然不优于其他分析师。在盈余公告日之后的 +1 ~ +10 日，对其他分析师的盈余预测修正中蕴含的未来盈余信息更敏感的分析师，其预测修正的准确度优于其他分析师，但也仅在 10% 的水平显著。

在盈余公告日，分析师盈余预测修正能引起同向的市场反应，且在 1% 的水平显著。在盈余公告日之后的 +1 ~ +10 日，分析师盈余预测修正仍然能引起同向的市场反应，但是市场反应的程度减弱，且只在 10% 的水平显著。

在盈余公告日和盈余公告后 +1 ~ +10 日分析师盈余预测修正时对回报率中蕴含的未来盈余信息更敏感的分析师，不能引起更强的市场反应。在盈余公告后 +1 ~ +10 日对其他分析师的盈余预测修正中蕴含的未来盈余信息更敏感的分析师，不能引起更强的市场反应。

以上实证结果表明，当分析师预期到围绕盈余公告日和盈余公告日之后几天的回报率反映出投资者的活动，便试图从投资者的活动中抽取有价值的信息。

而对围绕盈余公告日和盈余公告日之后几天的回报率中蕴含的未来盈余信息更敏感的分析师的盈余预测准确性并没有高于同行，说明回报率中信息价值不高或者分析师可能并没有有效地从回报率中提取信息。如果没有获取更好的预测准确度，从动机上分析，未来分析师也就不大可能把从围绕盈余公告日的回报率中提取的信息作为可倚重的信息来源。

在盈余公告日之后的 +1 ~ +10 日，从其他分析师的预测修正中提取信息的分析师，其预测修正的准确度略微优于其他分析师。这与里斯和索恩（Lys & Sohn, 1990）所发现的根据修正期的股价变动对修正进行调整可以改进修正的准确度及莫泽滋（Mozes, 2003）指出的分析师较晚提供预测的好处在于可观察其他分析师的预测的结论是相吻合的。这说明目标分析师不仅是简单模仿，而且是有效地从其他分析师的修正中提取了信息。

在盈余公告日和在盈余公告日之后的 +1 ~ +10 日，分析师盈余预测修正均能引起同向的市场反应，只是市场反应的程度逐渐减弱。而对回报率中和其他分析师盈余预测修正中蕴含的未来盈余信息更敏感的分析师的盈余预测修正，市场反应并没有更强。可见市场对于预测的及时性比准确性给出更为积极的反馈。这印证了库珀等（Cooper et al.，2001）所发现的投资者很在乎预测的及时性。如果投资者的专业知识和专业技能逐渐提高，今后能够辨认这部分更准确的分析师后，有望对其盈余预测修正作出更强烈的反应。

对于准确性而非及时性给出更强的反应，会使作出准确预测的分析师得到正向的激励，势必会影响到今后分析师在及时性和准确性上的权衡。分析师将可能会更多地从其他分析师的修正中提取信息来扩充自己的信息集。

分析师在盈余公告日采取修正行为时的实际决策过程仍然是一个黑箱。分析师在盈余公告日修正对回报率的反应，到底是受投资者情绪影响多，还是受其他分析师修正的影响多？鉴于盈余公告日不易区分不同分析师报告发布的先后时机，没法考虑受其他分析师的影响。未来要解决这个问题，可以考虑以下方式：使用问卷调查来询问分析师如何收集信息；对分析师研究报告做内容分析以推断分析师赖以做预测的信息来源；用实验室研究来模拟分析师如何处理信息等。

第 7 章

结　语

7.1　本书的主要结论

如果分析师能够有效地处理信息，有望使信息迅速反映到股票价格中、提高市场的定价效率、引导资源优化配置、缓解信息不对称程度。然而利益冲突关系使分析师的评级动机存疑，因此有必要研究评级的信息含量。以往的研究侧重分析师公司评级的信息含量，本书除了研究公司评级和行业评级各自的信息含量外，还研究了二者联合的信息含量、模拟行业评级的信息含量、公司评级和模拟行业评级联合的信息含量及在几种影响因素下联合组合的信息含量，得到以下主要结论。

第一，月一致公司评级水平组合、月一致公司评级变化组合、月公司评级净变化组合拥有信息含量。不同的评级水平与评级变化组合引起的正向和负向市场反应并不对称，这和我国分析师评级普遍存在强烈乐观偏差、分析师单方面重视正面评级有关。从"优"公司评级方面看，月公司评级"净调高"组合的信息含量比月一致公司评级水平为"优"组合要高，月一致公司评级"调高到优"组合的信息含量却并不比月一致公司评级水平为"优"组合高。构成月一致公司评级变化的前后评级可能是不同的分析师所为，或许仅反映了不同分析师的意见分歧，未必反映新的信息。月公司评级净变化中所包含的每一个公司评级变化都是同一分析师对同一公司的评级发生改变，极可能有新的信息，分析师的观点才会发生改变。所以月公司评级"净调高"更能代表公司评级变化，其代表的公司评级变化的信息含量高于公司评级水平的信息含量。

第二，仅从月一致行业评级水平组合、月一致行业评级变化组合、月行业评级净变化组合带来的未来行业超常回报来看，行业评级包含的信息含量并不显著，这和行业评级来自宏观层面的信息，因而缺乏信息优势有一定关系。投资者往往是从公司报告中附带的行业评级得到行业评级信息，得到信息的时间比定期行业报告发布的时间有延误，以致不能带来显著的行业超常回报。

第三，月一致公司评级水平和月一致行业评级水平均为"优"（均为"差"）联合、月公司评级和月行业评级均"净调高"联合带来下一个月经风险调整后的正向（负向）的市场反应。相比单独考虑公司评级或行业评级，公司评级和行业评级的联合具有增量信息。说明行业评级的信息并非没有价值，其信息在和公司评级联合时发挥了作用，给投资者带来更高的投资回报。相比月一致公司评级水平和月一致行业评级水平均为"优"联合，月公司评级和月行业评级均"净调高"联合的形成频率低30%左右，超常回报却高90%左右。月一致公司评级变化和月一致行业评级变化联合，信息含量不显著，比单独考虑公司评级或行业评级没有产生增量的信息。月一致行业评级变化比月一致公司评级变化更有可能由不同分析师的评级构成，评级的变化很可能只代表着不同分析师的意见分歧，不一定包含新的信息。

第四，仅从模拟月行业评级组合带来的未来行业超常回报来看，模拟月行业评级的信息含量并不显著。月一致公司评级水平和模拟月一致行业评级水平均为"优"联合、月公司评级和模拟月行业评级均"净调高"联合能产生更高的投资价值，总的来说不如公司评级和真实的行业评级联合产生的投资价值高。月一致公司评级和模拟月一致行业评级均为"差"联合、月一致公司评级变化和模拟月一致行业评级变化联合、月公司评级和模拟月行业评级均"净调低"联合的信息含量不显著。从模拟行业评级和公司评级联合所起的作用可以推断，模拟的行业评级有一定的信息价值，但不如真实行业评级的信息价值高。既然模拟的行业评级不能取代真实的行业评级，说明即使我国大多数券商的公司评级宣称采用市场基准，公司评级中却并没有包含足够的市场和行业层面的信息，否则的话投资者仅依靠公司评级就可以取得最高的投资回报了。

第五，月一致公司评级水平和月一致行业评级水平联合在组合形成后的一年内有显著的市场反应，股价并没有出现明显均值回归的证据，说明评级组合并不是仅营造了暂时的价格压力。大体来说规模小的公司的股价对公司评级和行业评级联合的反应更强烈。剔除了个股与行业动量因素后，月一致公司评级水平和月一致行业水平联合依然有显著的市场反应，说明联合组合的信息含量并不依赖于行业动量和个股动量因素。

第六，承销关系对分析师评级的信息含量存在负面影响。承销商分析师评级的乐观程度更高，其公司评级和行业评级的联合不能带来显著的市场反应，可见利益冲突关系导致的较强乐观偏差影响到评级的信息含量。非承销商分析师月一致公司评级和月一致行业评级均为"优"（均为"差"）联合经风险调整后有显著的正向（负向）市场反应。非承销商分析师的均为"优"联合比承销商分析师的相应组合具有显著更高的信息含量。

第七，最佳分析师的评级更强的乐观偏差对其评级的信息含量有一定影响。虽然非最佳分析师（最佳分析师）的月一致公司评级和月一致行业评级均为"优"（均为"差"）联合的正向（负向）市场反应显得比最佳分析师（非最佳分析师）的更大，但是统计检验发现二者的信息含量并不具有显著差异，只是也非常接近10%的显著性水平。最佳分析师只在"看空"方面表现不错，在"看多"方面表现不佳。在存在做空限制的情况下，其"看空"声音意义不大。反而是不具备声誉的分析师的评级能够引起正常的市场反应。可见如果最佳分析师只管采取利益冲突行为迎合基金经理，最终"最佳分析师"评选有可能失去公信力和社会影响力。

第八，牛市下月一致公司评级水平和月一致行业评级水平均为"优"（均为"差"）联合有显著的经风险调整后的正向（负向）的市场反应。熊市的均为"优"联合组合有显著正向的市场反应，熊市的均为"差"联合组合有不显著的负向市场反应。虽然看似牛市下月一致公司评级水平和月一致行业评级水平的联合能引起比熊市下更强的正向（负向）市场反应。但实际上月一致公司评级和月一致行业评级均为"优"（均为"差"）联合在牛市、熊市不同的市场环境下的信息含量并无显著差异。这或许是由于牛市时投资者情绪高涨导致市场对分析师评级的反应更强，熊市时投资者情绪低落导致市场对分析师评级的反应更弱。

第九，在盈余公告日和在盈余公告日之后的 +1 ～ +10 日，分析师盈余预测修正均能引起同向的市场反应，只是市场反应的程度逐渐变弱。对回报率中和其他分析师盈余预测修正中蕴含的未来盈余信息更敏感的分析师的盈余预测修正，市场反应并没有更强。

从研究结论可以得出的启示是，基于分析师评级构建的投资组合能够持续获取超常回报，说明我国股市未达到半强式有效。正因为如此，分析师行业在我国股市有存在的必要性。投资者不能仅依赖公司评级作出投资决策，必须依赖公司评级和行业评级的联合才能得到更高的投资回报。真实的行业评级比模拟的行业评级具备更高的信息有用性，因此投资者更应该关注真实的行业评级。投资者可以通过构建月一致公司评级水平和月一致行业评级水平均为"优"联合组合或者月公司评级和月行业评级均"净调高"联合组合获取高回报，不同组合的形成频率和收益不同，具体选择构建哪种组合取决于对成本和收益的综合考量。投资者根据非承销商分析师评级比根据承销商分析师评级构建月一致公司评级水平和月一致行业评级水平均为"优"联合组合可以取得更高收益。《新财富》"最佳分析师"的评选结果对投资者的参考价值不大，投资者构建的公司评级和行业评级的联合在牛市、熊市的不同市态下信息含量没有显著差异。投资者很在乎预测的及时性，对预测的准确性的识别能力和反应都不强。

7.2　政策建议

7.2.1　强制信息披露

本书通过实证分析发现我国分析师的公司评级和行业评级存在较强的乐观偏差。承销商分析师的评级相对于非承销商分析师的评级有更强的乐观偏差；最佳分析师的评级相对于非最佳分析师的评级也有更强的乐观偏差。乐观偏差会误导投资者、加剧信息不对称、阻碍资源有效配置。本书的实证研究还发现承销商分析师相比非承销商分析师，月一致公司评级水平和月一致行业评级水平均为"优"联合的信息含量显著更差。最佳分析师相比非最佳分析师，月一致公司评级水平和月一致行业评级水平均为"优"联合的信息含量看起来也要差一些，虽然差异在统计上不显著，但非常接近10%的显著性水平。可见如果分析师评级的乐观偏差更强，可能会削弱评级的信息含量。

从本书对评级的描述性统计发现悲观评级的占比微乎其微。如果分析师只给出乐观评级、报喜不报忧，评级的真实性值得怀疑，评级的信息价值对于投资者的有用性将下降。为此我国监管者有必要制定强制信息披露的规章，要求券商披露各种评级的占比。对于不披露或者虚假披露的采取相应的处罚措施。强制披露各种评级的占比后，如果投资者发现券商的悲观评级占比特别少，有理由质疑券商评级的乐观偏差是否过于强烈，也有必要对券商评级的信息价值重新评估。如果投资者对乐观偏差大的评级不买账，投资者的行为或将促使券商纠正评级过于强烈的乐观偏差。

美国NASD的2711号规章要求券商在研究报告里明确其评级的含义，要求券商公布其公司（行业）评级采用的评级基准。我国券商的公司评级大多采用的市场基准，按理说公司评级里已经包含了市场层面和行业层面的信息。本书的实证结果发现公司评级和行业评级联合后有增量的信息，实证结果还发现相比公司评级和由公司评级模拟的行业评级联合后产生的投资价值，公司评级和真实行业评级联合后产生的投资价值更高。这说明行业评级中蕴含公司评级所不包含的信息，也说明行业评级具有信息有用性。投资者对于行业评级有必要给予和公司评级同样的重视。监管者对于行业评级，也应该要求券商披露各种评级的占比，以符合强制信息披露的要求。

由于分析师的时间、精力和能力有限，不管从意愿还是实现的能力上讲，遵循市场基准都不是一件容易的事。为此监管者有必要调查被评级公司的回报率是否达到了券商的公司评级基准中允诺的目标。如果被评级公司的回报率远远达不到券商允诺的目标，说明券商的公司评级基准陈义过高，有必要敦促券商修改其评级基准，以免误导投资者，加剧信息不对称。

管理层拥有比外部投资者更多的关于公司的信息，信息不对称会影响资源的有效配置。监管者还可以制定强制性信息披露的政策，要求管理层及时向市场披露重大信息，以减少信息不对称和降低代理成本。2000 年，美国证券交易委员会通过《公平披露规则》，旨在规范上市公司披露非公开实质性信息的行为，以确保所有"重大消息"同时公开公平地向所有利益相关者公布。我国证监会 1993 年颁布的《公开发行股票公司信息披露实施细则》，对上市公司应该披露哪些会计信息，对披露信息的真实性、准确性、完整性方面缺乏明确规定，我国上市公司的信息披露制度远远不够完善。为此我国的监管者有必要进一步制定要求上市公司强化信息披露的规章。

7.2.2　进一步放松卖空限制

我国证券市场长期实行严格的卖空限制，使得投资者即使看空股市，也不能通过融券卖空股票再低价买入以获利，只能采取单边交易行为。卖空限制的存在使得券商难以从投资者的卖空中得到交易手续费，分析师缺乏激励卖空股票的动机。分析师没有动力去收集负面信息，使得悲观评级的市场反应不如乐观评级。虽然我国从 2010 年起陆续放松部分股票的卖空限制，但融券标的股票很少，监管者有必要进一步放松卖空限制。由于卖空限制导致股价高估，放松卖空限制后，允许卖空的股票价格预期会下跌，股价将趋于更加合理，分析师将有收集负面信息的动力，投资者也会更加关注分析师的负面评级，市场有望随着负面评级作出负向的反应，分析师评级的信息价值预期将会提升。

7.3　不足及后续的研究方向

本书研究的不足是没有考虑交易成本的问题。未来有必要进一步研究考虑了交易成本后，以上交易策略还能不能可靠地战胜市场。虽然本书按月度频率调整投资组合，交易成本相对不高，但交易成本仍然是值得考虑的因素。

　　本书研究的另一个不足是没有研究放松卖空背景下分析师的公司评级和行业评级联合的信息含量。我国股市直到 2010 年 3 月 31 日才实行融资融券试点，陆续放松部分股票的卖空限制①。放松卖空限制为研究分析师的公司评级和行业评级联合的信息含量提供了新的政策背景。2010 年 3 月 31 日融券标的股票为 90 只，2011 年 12 月 5 日融券标的股票为 278 只，2013 年 1 月 31 日融券标的股票为 500 只，2013 年 9 月 16 日融券标的股票为 700 只，2014 年 9 月 22 日融券标的股票为 950 只，2019 年 8 月 19 日融券标的股票为 1600 只。② 样本区间和样本规模有限会造成研究结果的偏差。随着样本区间和样本规模的增加，有必要研究允许卖空组和限制卖空组的公司评级和行业评级联合的信息含量有无差异，以确认限制卖空到底是不是影响分析师评级信息含量的重要因素。

---

　　①②　资料来源：Wind 资讯。

参 考 文 献

[1] 曹胜，朱红军. 王婆贩瓜：券商自营业务与分析师乐观性 [J].
管理世界，2011（7）：20-30.

[2] 陈灿灿. 证券分析师报告投资参考价值的实证研究 [D]. 成都：
电子科技大学，2022.

[3] 陈淼鑫，郑振龙. 卖空机制对证券市场的影响：基于全球市场的
经验研究 [J]. 世界经济，2008（12）：73-81.

[4] 陈维，陈伟，吴世农. 证券分析师的股票评级与内部人交易——
我国证券分析师是否存在道德风险？[J]. 证券市场导报，2014（3）：
60-66.

[5] 丁亮，孙慧. 中国股市股票推荐效应研究 [J]. 管理世界，2001
（5）：111-116.

[6] 冯体一. 分析师评级：券商利益与信息优势孰轻孰重？[J]. 华东
师范大学学报：哲学社会科学版，2013（2）：136-156.

[7] 冯旭南，李心愉. 主承销商的买入推荐可信吗？——来自中国的
证据和启示 [J]. 投资研究，2011（11）：48-60.

[8] 龚文婷. 证券分析师研究报告的预测能力和股票投资回报——来
自中国证券市场的证据 [D]. 杭州：浙江大学，2022.

[9] 郭艳红，蒋帅，陈艳萍. 分析师评级预测价值的市态差异——来
自2005-2016年中国股票市场数据实证 [J]. 管理评论，2019，31（8）：
14-24.

[10] 胡娜，周铭山，郭寿良，等. 股权投资背景下券商独立性研
究——基于证券分析师研究报告的视角 [J]. 财经科学，2014（1）：28-37.

[11] 季慧萍. 证券公司的股票投资评级具有参考价值吗？[D]. 南
京：南京大学，2018.

[12] 姜波，周铭山．参股基金公司持股与分析师乐观性 [J]．财经研究，2015（1）：118 –131．

[13] 姜璞然．分析师研报评级变动对企业股价短期趋势的影响 [D]．成都：西南财经大学，2020．

[14] 蒋彧，季慧萍．证券公司的股票投资评级具有参考价值吗？——基于 A 股市场的实证检验 [J]．中国经济问题，2018（4）：111 –122．

[15] 康健．声誉、利益冲突与投资评级的乐观偏误 [J]．经济经纬，2013（6）：107 –112．

[16] 李春涛，徐鑫，李万峰．分析师评级有效性研究：中国 A 股市场的证据 [J]．浙江社会科学，2014（9）：19 –28．

[17] 李娜．分析师预测及其调整对股票收益率的影响 [D]．贵阳：贵州财经大学，2022．

[18] 李强．分析师评级变动对上市公司股价的影响力研究 [D]．成都：西南财经大学，2016．

[19] 李勇，王莉，王满仓．明星分析师的推荐评级更具价值吗？——基于媒体关注的视角 [J]．投资研究，2015（5）：143 –160．

[20] 林翔．对中国证券咨询机构预测的分析 [J]．经济研究，2000（2）：56 –65．

[21] 刘昶，修世宇．分析师利益与投资建议的信息含量 [J]．统计研究，2008，25（10）：103 –108．

[22] 刘洋，李星汉．承销商分析师利益冲突与定向增发 [J]．商业研究，2015（1）：53 –61．

[23] 陆正飞，姜国华，张然．会计信息与证券投资实证研究：重点文献导读 [M]．北京：中国人民大学出版社，2008．

[24] 陆正飞，姜国华，张然．财务会计与资本市场实证研究：重点文献导读 [M]．北京：中国人民大学出版社，2009．

[25] 逯东，谢璇，杨丹．乐观的分析师更可能进入明星榜单吗？——基于《新财富》最佳分析师的评选机制分析 [J]．南开管理评论，2020（2）：108 –120．

[26] 潘莉，徐建国．A 股个股回报率的惯性与反转 [J]．金融研究，

2011, 1 (11): 149 - 166.

[27] 潘越, 戴亦一, 刘思超. 我国承销商利用分析师报告托市了吗? [J]. 经济研究, 2011 (3): 131 - 144.

[28] 沈勇涛, 高玉森. A 股分析师"存在即合理"吗? ——基于分析师降噪的视角 [J]. 上海金融, 2020 (5): 24 - 32.

[29] 宋敏, 冯科. 证券投资分析 [M]. 北京: 中国发展出版社, 2015.

[30] 汤湘希, 陈彩云, 许汝俊. 分析师修正行为、现金流预测与投资者反应——来自未预期盈余视角的研究 [J]. 会计之友, 2020 (12): 13 - 21.

[31] 唐俊, 宋逢明. 证券咨询机构选股建议的预测能力分析 [J]. 财经论丛, 2002 (1): 44 - 49.

[32] 万丽梅, 逯东. 中国证券分析师角色担当: 声誉机制与市场环境的交互效应 [J]. 当代财经, 2013 (3): 64 - 73.

[33] 汪弘, 罗党论, 林东杰. 行业分析师的研究报告对投资决策有用吗? ——来自中国 A 股上市公司的经验证据 [J]. 证券市场导报, 2013 (7): 36 - 43.

[34] 王春峰, 辛宇, 房振明, 等. 分析师评级调整在经济形势不好的时候更有参考价值吗? ——来自中国证券市场的经验证据 [J]. 投资研究, 2015, 34 (3): 151 - 160.

[35] 王美今, 孙建军. 中国股市收益, 收益波动与投资者情绪 [J]. 经济研究, 2004 (10): 75 - 83.

[36] 王伟峰, 何镇福. 卖方分析师研究报告对股价的影响——兼论分析师行业生态 [J]. 上海金融, 2012 (1): 79 - 84.

[37] 王宇熹, 洪剑峭, 肖峻. 顶级券商的明星分析师荐股评级更有价值么? ——基于券商声誉、分析师声誉的实证研究 [J]. 管理工程学报, 2012 (3): 197 - 206.

[38] 王宇熹, 肖峻, 陈伟忠. 组合调整频率会影响投资者的回报率么? ——基于分析师股票推荐的投资策略研究 [J]. 数理统计与管理, 2012, 31 (6): 1134 - 1140.

[39] 王玉涛, 王菊仙, 赵迎旭. 我国证券分析师股票评级、评级修

正与市场反应 [J] 管理评论, 2021 (2): 3-14.

[40] 王征, 张峥, 刘力. 分析师的建议是否有投资价值——来自中国市场的经验数据 [J]. 财经问题研究, 2006 (7): 36-44.

[41] 吴超鹏, 郑方镳, 杨世杰. 证券分析师的盈余预测和股票评级是否具有独立性? [J]. 经济学 (季刊), 2013, 12 (3): 935-958.

[42] 吴东辉, 薛祖云. 财务分析师盈余预测的投资价值: 来自深沪A股市场的证据 [J]. 会计研究, 2005, 26 (1): 1-23.

[43] 吴偎立, 张峥, 乔坤元. 信息质量、市场评价与激励有效性——基于《新财富》最佳分析师评选的证据 [J]. 经济学 (季刊), 2016, 15 (2): 723-744.

[44] 武俊星. 证券分析师行业研究报告推荐评级的有效性研究 [D]. 济南: 山东财经大学, 2020.

[45] 肖峻, 王宇熹. 我国证券分析师推荐评级调整价值的经验研究 [J]. 统计与决策, 2006 (6): 106-109.

[46] 谢玲玲. 分析师基于盈余预测变化的股票评级调整是否更有价值?——基于中国资本市场的研究 [J]. 上海金融, 2020 (4): 10-21.

[47] 徐浩萍, 罗炜. 投资银行声誉机制有效性——执业质量与市场份额双重视角的研究 [J]. 经济研究, 2007, 42 (2): 124-136.

[48] 徐龙炳, 陆蓉. 有效市场理论的前沿研究 [J]. 财经研究, 2001, 27 (8): 27-34.

[49] 杨大楷, 王佳妮, 李凡一. 证券分析师利益冲突行为的"前因"与"后果"——来自上证A股的经验证据 [J]. 上海经济研究, 2011 (11): 57-67.

[50] 杨大楷, 王佳妮. 证券分析师可信度与胜任能力: 一个文献述评 [J]. 上海金融, 2012 (3): 43-50.

[51] 姚铮, 汤彦峰, 黄小康. 证券分析师投资评级信息含量及其影响因素 [J]. 管理学家: 学术版, 2009 (4): 3-11.

[52] 原红旗, 黄倩茹. 承销商分析师与非承销商分析师预测评级比较研究 [J]. 中国会计评论, 2007, 5 (3): 285-304.

[53] 张然, 汪荣飞, 王胜华. 分析师修正信息、基本面分析与未来

股票收益 [J]. 金融研究, 2017 (7): 156 - 174.

[54] 赵良玉, 李增泉, 刘军霞. 管理层偏好、投资评级乐观性与私有信息获取 [J]. 管理世界, 2013 (4): 33 - 47.

[55] 赵留彦, 宁可. 声誉激励与分析师行为——基于新财富最佳分析师评选的实证研究 [J]. 经济科学, 2020 (3): 73 - 85.

[56] 郑方镳. 中国证券分析师行业研究: 效率、行为与治理 [D]. 厦门: 厦门大学管理学院, 2009.

[57] 周春生, 杨云红. 中国股市的理性泡沫 [J]. 经济研究, 2002 (7): 33 - 40.

[58] 周铭山, 林靖, 许年行. 分析师跟踪与股价同步性——基于过度反应视角的证据 [J]. 管理科学学报, 2016, 19 (6): 49 - 73.

[59] 朱宝宪, 王怡凯. 证券媒体选股建议效果的实证分析 [J]. 经济研究, 2001 (4): 51 - 57.

[60] Aitken M. J., Frino A., McCorry M. S., et al. Short sales are almost instantaneously bad news: Evidence from the Australian Stock Exchange [J]. The Journal of Finance, 1998, 53 (6): 2205 - 2223.

[61] Alfonso E., Lin S., Yu Y. Analyst stock ownership and stock recommendations [R]. Working paper, Florida International University and the University of Texas at Austin, 2016.

[62] Allen F., Faulhaber G. R. Signalling by underpricing in the IPO market [J]. Journal of Financial Economics, 1989, 23 (2): 303 - 323.

[63] Allen F., Morris S., Postlewaite A. Finite bubbles with short sale constraints and asymmetric information [J]. Journal of Economic Theory, 1993, 61 (2): 206 - 229.

[64] Altinkilic O., Hansen R. S., Ye L. Can analysts pick stocks for the long-run? [J]. Journal of Financial Economics, 2016, 119 (2): 371 - 398.

[65] Asquith P., Mikhail M. B., Au A. S. Information content of equity analyst reports [J]. Journal of Financial Economics, 2005, 75 (2): 245 - 282.

[66] Bae K. H., Kanagaretnam K. G., Tan H. Which analysts to be-

lieve? Analysts' conflicts of interest and societal trust [J]. Working paper, Available at SSRN 2547875, 2015.

[67] Baker M., Wurgler J. Investor sentiment and the cross-section of stock returns [J]. The Journal of Finance, 2006, 61 (4): 1645 – 1680.

[68] Barber B., Lehavy R., McNichols M., et al. Can investors profit from the prophets? Security analyst recommendations and stock returns [J]. The Journal of Finance, 2001, 56 (2): 531 – 563.

[69] Barber B. M., Lehavy R., McNichols M., et al. Buys, holds, and sells: The distribution of investment banks' stock ratings and the implications for the profitability of analysts' recommendations [J]. Journal of Accounting and Economics, 2006, 41 (1): 87 – 117.

[70] Barber B. M., Lehavy R., Trueman B. Comparing the stock recommendation performance of investment banks and independent research firms [J]. Journal of Financial Economics, 2007, 85 (2): 490 – 517.

[71] Beaver W. H. Perspectives on recent capital market research [J]. The Accounting Review, 2002, 77 (2): 453 – 474.

[72] Beaver W. H. The information content of annual earnings announcements [J]. Journal of accounting research, 1968, 6: 67 – 92.

[73] Berkman H., Yang W. Analyst recommendations and international stock market returns [J]. Working paper, Available at SSRN 2811871, 2016.

[74] Bernhardt D., Wan C., Xiao Z. The reluctant analyst [J]. Journal of Accounting Research, 2016 (forthcoming).

[75] Bhojraj S., Lee C., Oler D. K. What's my line? A comparison of industry classification schemes for capital market research [J]. Journal of Accounting Research, 2003, 41 (5): 745 – 774.

[76] Bondt W. F. M., Thaler R. Does the stock market overreact? [J]. The Journal of Finance, 1985, 40 (3): 793 – 805.

[77] Boni L., Womack K. L. Analysts, industries, and price momentum [J]. Journal of Financial and Quantitative Analysis, 2006, 41 (1): 85 – 109.

[78] Bradshaw M. T. Discussion of "Analysts' industry expertise" [J]. Jour-

nal of Accounting and Economics, 2012, 54 (2): 121 – 131.

[79] Brav A. , Lehavy R. An empirical analysis of analysts' target prices: Short-term informativeness and long-term dynamics [J]. The Journal of Finance, 2003, 58 (5): 1933 – 1968.

[80] Brown P. , G. Foster, E. Noreen, Security analyst multi – year earnings forecasts and the capital market [J]. Studies in accounting research [J]. American Accounting Association, 1985, 21: 159 – 171.

[81] Brown L. D. , Chen D. M. How good is the all – American research team at forecasting earnings? [J]. The Journal of Business Forecasting, 1990 – 1991: 14.

[82] Brown L. D. , Richardson G. D. , Schwager S. J. An information interpretation of financial analyst superiority in forecasting earnings [J]. Journal of Accounting Research, 1987, 25 (1): 49 – 67.

[83] Brown L. D. , Rozeff M. S. The superiority of analyst forecasts as measures of expectations: Evidence from earnings [J]. The Journal of Finance, 1978, 33 (1): 1 – 16.

[84] Bruce B. Stock analysts: Experts on whose behalf? [J]. The Journal of Psychology and Financial Markets, 2002, 3 (4): 198 – 201.

[85] Busse J. A. , Tong Q. Mutual fund industry selection and persistence [J]. Review of Asset Pricing Studies, 2012, 2 (2): 245 – 274.

[86] Cai R. , Cen Z. Can Investors Profit by Following Analysts' Recommendations? An Investigation of Chinese Analysts' Trading Recommendations on Industry [J]. Economics, Management, and Financial Markets, 2015, 10 (3): 11 – 29.

[87] Carhart M. M. On persistence in mutual fund performance [J]. The Journal of Finance, 1997, 52 (1): 57 – 82.

[88] Chang E. C. , Cheng J. W. , Yu Y. Short-sales constraints and price discovery: Evidence from the Hong Kong market [J]. The Journal of Finance, 2007, 62 (5): 2097 – 2121.

[89] Clement M. B. , S. Y. Tse. Do investors respond to analysts' forecast

revisions as if forecast accuracy is all that matters? [J]. The Accounting Review, 2003, 78 (1): 227 –249.

[90] Clement M. B. , J. Hales, Y. Xue. Understanding analysts' use of stock returns and other analysts' revisions when forecasting earnings [J]. Journal of Accounting and Economics, 2011, 51: 279 –299.

[91] Clement M. B. Analyst forecast accuracy: Do ability, resources, and portfolio complexity matter? [J]. Journal of Accounting and Economics, 1999, 27 (3): 285 –303.

[92] Cooper R. , T. Day, and C. Lewis. Following the leader: A study of individual analysts' earnings forecasts [J]. Journal of Financial Economics, 2001, 61: 383 –416.

[93] Corwin S. A. , Larocque S. , Stegemoller M. Investment banking relationships and analyst affiliation bias: The impact of the global settlement on sanctioned and non-sanctioned banks [J]. Working paper, Available at SSRN 2548771, 2016.

[94] Cowles 3rd A. Can stock market forecasters forecast? [J]. Econometrica: Journal of the Econometric Society, 1933, 1 (3): 309 –324.

[95] Davies P. L. , Canes M. Stock prices and the publication of second-hand information [J]. Journal of Business, 1978, 51 (1): 43 –56.

[96] Dugar A. , Nathan S. The effect of investment banking relationships on financial analysts' earnings forecasts and investment recommendations [J]. Contemporary Accounting Research, 1995, 12 (1): 131 –160.

[97] Duru A. , Reeb D. M. International diversification and analysts' forecast accuracy and bias [J]. The Accounting Review, 2002, 77 (2): 415 –433.

[98] Elton E. J. , Gruber M. J. , Grossman S. Discrete expectational data and portfolio performance [J]. The Journal of Finance, 1986, 41 (3): 699 – 713.

[99] Fabozzi F. J. , Francis J. C. Stability tests for alphas and betas over bull and bear market conditions [J]. The Journal of Finance, 1977, 32 (4):

1093 – 1099.

[100] Faias J., Mascarenhas P. M. Predicting influential recommendation revisions [J]. Working paper, Available at SSRN 2712021, 2015.

[101] Fama E. F., French K. R. Common risk factors in the returns on stocks and bonds [J]. Journal of Financial Economics, 1993, 33 (1): 3 – 56.

[102] Fama E. F., French K. R. The cross-section of expected stock returns [J]. The Journal of Finance, 1992, 47 (2): 427 – 465.

[103] Fama E. F. Efficient capital markets: A review of theory and empirical work [J]. The Journal of Finance, 1970, 25 (2): 383 – 417.

[104] Francis J., K. Schipper, and L. Vincent. Earnings announcements and competing information [J]. Journal of Accounting and Economics, 2002, 33 (3): 313 – 342.

[105] Francis J., Philbrick D. Analysts' decisions as products of a multi-task environment [J]. Journal of Accounting Research, 1993, 31 (2): 216 – 230.

[106] Francis J., Soffer L. The relative informativeness of analysts' stock recommendations and earnings forecast revisions [J]. Journal of Accounting Research, 1997, 35 (2): 193 – 211.

[107] Gleason C. A., and C. M. C. Lee. Analyst forecast revisions and market price discovery [J]. The Accounting Review, 2003, 78 (1): 193 – 225.

[108] Grossman S. J., Stiglitz J. E. On the impossibility of informationally efficient markets [J]. The American Economic Review, 1980, 70 (3): 393 – 408.

[109] Groysberg B., Healy P. M., Maber D. A. What drives sell-side analyst compensation at high-status investment banks? [J]. Journal of Accounting Research, 2011, 49 (4): 969 – 1000.

[110] Harris L., Namvar E., Phillips B. Price inflation and wealth transfer during the 2008 SEC short-sale ban [J]. The Journal of Investment Management, 2013, 11 (2): 1 – 23.

［111］ Haw I. M. , Jung K. , Ruland W. The accuracy of financial analysts' forecasts after mergers ［J］. Journal of Accounting, Auditing & Finance, 1994, 9 (3): 465 – 483.

［112］ Hayes R. M. The impact of trading commission incentives on analysts' stock coverage decisions and earnings forecasts ［J］. Journal of Accounting Research, 1998, 36 (2): 299 – 320.

［113］ Hirshleifer D. , Shumway T. Good day sunshine: Stock returns and the weather ［J］. The Journal of Finance, 2003, 58 (3): 1009 – 1032.

［114］ Hirst D. E. , Hopkins P. E. , Wahlen J. M. Fair values, income measurement, and bank analysts' risk and valuation judgments ［J］. The Accounting Review, 2004, 79 (2): 453 – 472.

［115］ Hirst D. E. , Koonce L. , Simko P. J. Investor reactions to financial analysts' research reports ［J］. Journal of Accounting Research, 1995, 33 (2): 335 – 351.

［116］ Hoechle D. , Schaub N. , Schmid M. M. Time stamp errors and the stock price reaction to analyst recommendation and forecast revisions ［J］. Working paper, Available at SSRN 2768194, 2015.

［117］ Hong H. , J. Kubik, and D. Solomon. Security analysts' career concerns and herding of earnings forecasts ［J］. Rand Journal of Economics, 2000, 31: 121 – 144.

［118］ Howe J. S. , Unlu E. , Yan X. S. The predictive content of aggregate analyst recommendations ［J］. Journal of Accounting Research, 2009, 47 (3): 799 – 821.

［119］ Huang H. , Li M. , Shi J. Which matters: "Paying to play" or stable business relationship? Evidence on analyst recommendation and mutual fund commission fee payment ［J］. Pacific – Basin Finance Journal, 2016, 40 (2): 403 – 423.

［120］ Hunton J. E. , McEwen R. A. An assessment of the relation between analysts' earnings forecast accuracy, motivational incentives and cognitive information search strategy ［J］. The Accounting Review, 1997, 72 (4): 497 – 515.

［121］ Imhoff E. A. Jr, and G. J. Lobo. Information content of analysts' composite forecast revisions, Journal of Accounting Research, 1984, 22 （2）: 541 – 554.

［122］ Irvine P. J. Analysts' forecasts and brokerage-firm trading ［J］. The Accounting Review, 2004, 79 （1）: 125 – 149.

［123］ Jackson A. R. Trade generation, reputation, and sell-side analysts ［J］. The Journal of Finance, 2005, 60 （2）: 673 – 717.

［124］ Jegadeesh N. , Kim J. , Krische S. D. , et al. Analyzing the analysts: When do recommendations add value? ［J］. The Journal of Finance, 2004, 59 （3）: 1083 – 1124.

［125］ Jegadeesh N. , Titman S. Returns to buying winners and selling losers: Implications for stock market efficiency ［J］. The Journal of Finance, 1993, 48 （1）: 65 – 91.

［126］ Jiang G. J. , Kim W. Evaluating analysts' value: Evidence from recommendations around stock price jumps ［J］. Working paper, Available at SSRN 1570922, 2010.

［127］ Kadan O. , Madureira L. , Wang R. , et al. Analysts' industry expertise ［J］. Journal of Accounting and Economics, 2012, 54 （2）: 95 – 120.

［128］ Kadan O. , Madureira L. , Wang R. , et al. Conflicts of interest and stock recommendations: The effects of the global settlement and related regulations ［J］. Review of Financial Studies, 2009, 22 （10）: 4189 – 4217.

［129］ Kim C. , Pantzalis C. Global/industrial diversification and analyst herding ［J］. Financial Analysts Journal, 2003, 59 （2）: 69 – 79.

［130］ Lang M. H. , Lundholm R. J. Corporate disclosure policy and analyst behavior ［J］. The Accounting review, 1996, 71 （4）: 467 – 492.

［131］ Lindahl – Stevens M. Redefining bull and bear markets ［J］. Financial Analysts Journal, 1980, 36 （6）: 76 – 77.

［132］ Lin H. , McNichols M. F. Underwriting relationships, analysts' earnings forecasts and investment recommendations ［J］. Journal of Accounting and Economics, 1998, 25 （1）: 101 – 127.

[133] Lintner J. The valuation of risk assets and the selection of risky investments in stock portfolios and capital budgets [J]. The Review of Economics and Statistics, 1965, 47 (1): 13 - 37.

[134] Liu M. H. Analysts' incentives to produce industry-level versus firm-specific information [J]. Journal of Financial and Quantitative Analysis, 2011, 46 (3): 757 - 784.

[135] Liu P., Smith S. D., Syed A. A. Stock price reactions to the Wall Street Journal's securities recommendations [J]. Journal of financial and Quantitative Analysis, 1990, 25 (3): 399 - 410.

[136] Ljungqvist A., Marston F., Wilhelm W. J. Competing for securities underwriting mandates: Banking relationships and analyst recommendations [J]. The Journal of Finance, 2006, 61 (1): 301 - 340.

[137] Loh R. K., Mian G. M. Do accurate earnings forecasts facilitate superior investment recommendations? [J]. Journal of Financial Economics, 2006, 80 (2): 455 - 483.

[138] Loh R. K., Stulz R. M. Is sell-side research more valuable in bad times? [J]. The Journal of Finance, 2018, 73 (3): 959 - 1013.

[139] Lys T., and P. Sohn. The association between revisions of financial analysts' earnings forecasts and security price changes [J]. Journal of Accounting and Economics, 1990, 13: 341 - 363.

[140] Macey J. The death of corporate reputation: How integrity has been destroyed on Wall Street [M]. FT Press, 2013.

[141] Malloy C. J. The geography of equity analysis [J]. The Journal of Finance, 2005, 60 (2): 719 - 755.

[142] Markowitz H. Portfolio selection [J]. The Journal of Finance, 1952, 7 (1): 77 - 91.

[143] Matsumoto D. A. Management's incentives to avoid negative earnings surprises [J]. The Accounting Review, 2002, 77 (3): 483 - 514.

[144] McNichols M., O'Brien P. C. Self-selection and analyst coverage [J]. Journal of Accounting Research, 1997, 35: 167 - 199.

［145］ Meyers S. L. A re-examination of market and industry factors in stock price behavior ［J］. The Journal of Finance, 1973, 28 (3): 695 – 705.

［146］ Michaely R. , Womack K. L. Conflict of interest and the credibility of underwriter analyst recommendations ［J］. Review of Financial Studies, 1999, 12 (4): 653 – 686.

［147］ Mikhail M. B. , Walther B. R. , Willis R. H. Does forecast accuracy matter to security analysts? ［J］. The Accounting Review, 1999, 74 (2): 185 – 200.

［148］ Mikhail M. B. , Walther B. R. , Willis R. H. Do security analysts exhibit persistent differences in stock picking ability? ［J］. Journal of Financial Economics, 2004, 4 (1): 67 – 91.

［149］ Mikhail M. B. , Walther B. R. , Willis R. H. Do security analysts improve their performance with experience? ［J］. Journal of Accounting Research, 1997, 35: 131 – 157.

［150］ Moskowitz T. J. , Grinblatt M. Do industries explain momentum? ［J］. The Journal of Finance, 1999, 54 (4): 1249 – 1290.

［151］ Mozes H. Accuracy, usefulness and the evaluation of analysts' forecasts ［J］. International Journal of Forecasting, 2003, 19: 417 – 434.

［152］ Park S. J. , Park K. Y. Can investors profit from security analyst recommendations?: New evidence on the value of consensus recommendations ［J］. Finance Research Letters, 2019, 30: 403 – 413.

［153］ Piotroski J. D. , Roulstone D. T. The influence of analysts, institutional investors, and insiders on the incorporation of market, industry, and firm-specific information into stock prices ［J］. The Accounting Review, 2004, 79 (4): 1119 – 1151.

［154］ Plumlee M. A. The effect of information complexity on analysts' use of that information ［J］. The Accounting Review, 2003, 78 (1): 275 – 296.

［155］ Scharfstein D. , J. Stein. Herd behavior and investment, The American Economic Review, 1990, 80 (3): 465 – 479.

［156］ Scheinkman J. A. , Xiong W. Overconfidence and speculative bubbles [J]. Journal of Political Economy, 2003, 111 (6): 1183 – 1220.

[157] Sharpe W. F. Capital asset prices: A theory of market equilibrium under conditions of risk [J]. The Journal of Finance, 1964, 19 (3): 425 – 442.

[158] Stickel S. E. Predicting individual analyst earnings forecasts [J]. Journal of Accounting Research, 1990, 28 (2): 409 – 417.

[159] Stickel S. E. Reputation and performance among security analysts [J]. The Journal of Finance, 1992, 47 (5): 1811 – 1836.

[160] Stickel S. E. The anatomy of the performance of buy and sell recommendations [J]. Financial Analysts Journal, 1995, 51 (5): 25 – 39.

[161] Su C. , Zhang H. , Hudson R. S. The time-varying performance of UK analyst recommendation revisions: Do market conditions matter? [J]. Financial Markets, Institutions & Instruments, 2020, 29 (2): 65 – 89.

[162] Theil H. , Theil H. Economics and information theory [R]. 1967.

[163] Valentine J. J. Best practices for equity research analysts [M]. McGraw – Hill, 2011.

[164] Womack K. L. Do brokerage analysts' recommendations have investment value? [J]. The Journal of Finance, 1996, 51 (1): 137 – 167.

后 记

　　这本书献给我婆婆的在天之灵，我终于没有辜负她的期望，拿到博士学位。

　　本书能够顺利完成，第一个应该感谢的是我的博士导师朱宏泉老师。在西南交大读博时，朱老师对我倾注了无数的心血。在我茫无头绪、学问做到山穷水尽的时候，朱老师多次组织同门研讨，帮助我寻找问题，为我指点迷津。在生活上，朱老师对学生也是百般关心，嘘寒问暖。朱老师说过的"我一年就只有春节几天可以放松一下""你们愿意现在辛苦几年，还是以后辛苦一辈子？"等话，一直被我铭记心中。我这个人有重度拖延症，在严厉的朱老师面前，不得不有所收敛。朱老师总是以自己的勤奋为弟子们以身作则，让我不敢有丝毫懈怠。总之，朱老师不仅教会了我如何做学问，还教我为人处世的道理，在我此生中必将受用不尽！

　　本书能够完成要感谢在我读博的过程中不厌其烦地指导我的黄登仕老师、董大勇老师、魏宇老师、肖作平老师、沈中华老师。

　　本书能够完成，还要感谢朋友周代希在使用 Wind 数据库上的帮助，感谢苏忠秦同学在使用 CSMAR 数据库上的帮助，没有他们这本书的实证部分就得不到所需的实证数据。

　　本书能够完成，要感谢我的大姑、二姑、小姑、二叔、爸爸、妈妈对我的关心和在生活上的支持。

　　本书能够完成，要感谢我的同事李树、刘吕吉、余劲松、陈刚、陈屹立、刘苓玲、韩振国、罗本德、金梅、毛荣绸、黄晓、唐潜宁、陈瑜、郑芳、杨化、刘万、鲁钊阳、肖忠意、陈志英、王涛、郑畅、邱新国、李丹、何敏蓉、卿烈蓉、邓毅、翁卫国、韩鹏、李永奎、曾德智、叶世清等，在专业上为我指点迷津，在工作和生活上对我的关照。

　　最后，请容我再一次对各位授业恩师、同事、家人和朋友表达深深的谢意！没有他们，这本书断难完成。

肖 萌

2022 年 8 月